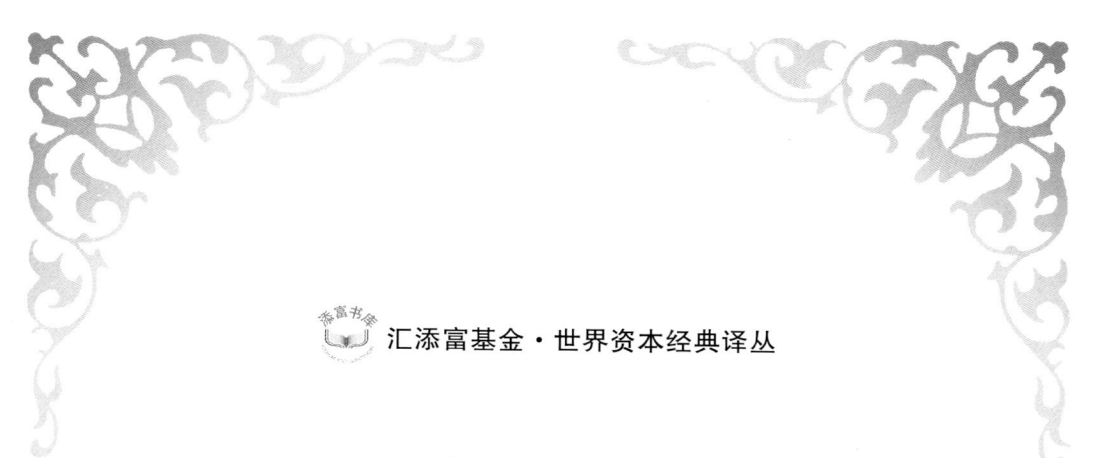

汇添富基金·世界资本经典译丛

培恩之路
——从想象到财富，如何使商业创意发展为经典品牌

伊拉娜·埃德尔斯坦
(Ilana Edelstein)
萨曼莎·马歇尔　著
(Samantha Marshall)

罗　玲　译

上海财经大学出版社

图书在版编目(CIP)数据

培恩之路:从想象到财富,如何使商业创意发展为经典品牌/(美)埃德尔斯坦(Edelstein,I.),(美)马歇尔(Marshall,S.)著.罗玲译.—上海:上海财经大学出版社,2016.1
(汇添富基金·世界资本经典译丛)
书名原文:The Patron Way:From Fantasy to Fortune
ISBN 978-7-5642-2308-3/F·2308

Ⅰ.①培… Ⅱ.①埃… ②马… ③罗… Ⅲ.①酿酒工业-品牌营销-研究-美国 Ⅳ.①F473.168

中国版本图书馆 CIP 数据核字(2015)第 300158 号

□ 责任编辑　刘　兵
□ 封面设计　张克瑶
□ 版式设计　孙国义

PEIEN ZHILU
培恩之路
——从想象到财富,如何使商业创意发展为经典品牌

伊拉娜·埃德尔斯坦
(Ilana Edelstein)　　著
萨曼莎·马歇尔
(Samantha Marshall)
罗　玲　　译

上海财经大学出版社出版发行
(上海市武东路321号乙　邮编200434)
网　　址:http://www.sufep.com
电子邮箱:webmaster @ sufep.com
全国新华书店经销
上海华业装潢印刷厂印刷装订
2016年1月第1版　2016年1月第1次印刷

787mm×1092mm　1/16　11.5印张(插页:7)　200千字
印数:0 001—4 000　定价:40.00元

拨动琴弦

唱一首经典

资本脉络

在伦巴第和华尔街坚冷的墙体间，仍然

依稀可见

千百年后

人们依然会穿过泛黄的书架

取下

这些书简

就像我们今天，怀念

秦关汉月

大漠孤烟

……

Ilana Edelstein
The Patrón Way: From Fantasy to Fortune—Lessons on Taking Any Business from Idea to Iconic Brand
ISBN 978—0—07—181764—6
Copyright © 2016 by McGraw-Hill Education.

All Rights reserved. No part of this publication may be reproduced or transmitted in any form or by any means, electronic or mechanical, including without limitation photocopying, recording, taping, or any database, information or retrieval system, without the prior written permission of the publisher.

This authorized Chinese translation edition is jointly published by McGraw—Hill Education and Shanghai University of Finance & Economics Press. This edition is authorized for sale in the People's Republic of China only, excluding Hong Kong, Macao SAR and Taiwan.

Copyright © 2016 by McGraw-Hill Education and Shanghai University of Finance & Economics Press.

版权所有。未经出版人事先书面许可,对本出版物的任何部分不得以任何方式或途径复制或传播,包括但不限于复印、录制、录音,或通过任何数据库、信息或可检索的系统。

本授权中文简体字翻译版由麦格劳—希尔(亚洲)教育出版公司和上海财经大学出版社合作出版。此版本经授权仅限在中华人民共和国境内(不包括香港特别行政区、澳门特别行政区和台湾)销售。

版权 © 2016 由麦格劳—希尔(亚洲)教育出版公司与上海财经大学出版社所有。
本书封面贴有 McGraw-Hill Education 公司防伪标签,无标签者不得销售。
上海市版权局著作权合同登记号:09—2015—165

本书献给那些虽然没有个人梦想,但选择跟随所爱之人,满足其热情,从而经历一段美妙变化之旅的人们。只有一种非凡的信仰才能将这段一生只有一次的旅途变为现实。只有全情投入,才能知晓个中滋味。

总 序

"世有非常之功,必待非常之人"。中国正在经历一个前所未有的投资大时代,无数投资人渴望着有机会感悟和学习顶尖投资大师的智慧。

有史以来最伟大的投资家、素有"股神"之称的巴菲特有句名言:成功的捷径是与成功者为伍!(It's simple to be a winner, work with winners.)

向成功者学习是成功的捷径,向投资大师学习则是投资成功的捷径。

巴菲特原来做了十年股票,当初的他也曾经到处打听消息,进行技术分析,买进卖出做短线,可结果却业绩平平。后来他学习了格雷厄姆的价值投资策略,投资业绩很快有了明显改善,他由衷地感叹道:"在大师门下学习几个小时的效果远远胜过我自己过去十年里自以为是的天真思考。"

巴菲特不但学习了格雷厄姆的投资策略,还进一步吸收了费雪的投资策略,将二者完美地融合在一起。他称自己是"85%的格雷厄姆和15%的费雪",他认为这正是自己成功的原因:"如果我只学习格雷厄姆一个人的思想,就不会像今天这么富有。"

可见,要想投资成功很简单,那就是:向成功的投资人学投资,而且要向尽可能多的杰出投资专家学投资。

源于这个想法,汇添富基金管理股份有限公司携手上海财经大学出版社,共同推出这套"汇添富基金·世界资本经典译丛"。开卷有益,本套丛书上及1873年的伦巴第街,下至20世纪华尔街顶级基金经理人和当代"股神"巴菲特,时间跨度长达百余年，汇添富基金希望能够借此套丛书，向您展示投资专家的大师风采，让您领略投资世界中的卓绝风景。

在本套丛书的第一到第十二辑里，我们先后为您奉献了《伦巴第街》《攻守兼备》《价值平均策略》《浮华时代》《忠告》《尖峰时刻》《战胜标准普尔》《伟大的事业》《投资存亡战》《黄金简史》《华尔街的扑克牌》《标准普尔选股策略》《华尔街50年》《先知先觉》《共同基金必胜法则》《华尔街传奇》《大熊市》《证券分析》《股票估值实用指南》《货币简史》《货币与投资》《黄金岁月》《英美中央银行史》《大牛市（1982～2004）》《从平凡人到百万富翁》《像欧奈尔信徒一样交易》《美国国债市场的诞生》《安东尼·波顿教你选股》《恐惧与贪婪》等71本讲述国外金融市场历史风云与投资大师深邃睿智的经典之作。而在此次推出的第十三辑中，我们将继续一如既往地向您推荐六本具有同样震撼阅读效应的经典投资著作。

塞万提斯在《堂·吉诃德》中提到，历史孕育了真理；它能和时间抗衡，把遗闻旧事保藏下来；它是往古的迹象、当代的鉴戒、后世的教训。《1907年金融大恐慌》就是这样一本能够让人警醒的书。这本书对1907年危机以及伟大的私人银行家J.P.摩根的危机管理做了透彻的、专家视角的、具有高度可读性的叙述。美国国会汲取了1907年的教训，于1913年启动了避免银行业恐慌、增进金融稳定的联邦储备系统。然而，往事并不如烟，在此之后发生的多次经济危机表明，危机和恐慌无论在过去还是在将来都是我们生活中的重要部分，从中汲取的教训及其与当今所发生的危机和恐慌的比照具有重要意义。

《财富之轮——从为人不齿到受人尊敬的投机史》一书全面描述了美国期货市场不断获利的过程中丰富多彩且又充满丑闻的历史。知名的商业历史学家和畅销书作者查尔斯·R.盖斯特详细地阐释了从美国南北战争开始前直到整个20世纪这一时间历程里，美国期货市场的产生、发展的全过程。包括在19世纪，那些雄心勃勃的商人们是如何在利益的驱使下，为了垄断黄金、白银和粮食市场而创立现代标准期货合约的；期货市场又是如何在人们的谩骂声中，艰难起步的；而到了20世纪，为何会有大量的公司、个人，甚至外国政府迅速进入这一领域。也许我们只有在还原历史的同时，才能在没有虚饰与矫情的空间中，解读智慧真实的内涵。本书在展示期货市场100多年来风雨历程的同时，还在人性层面对投机事件做了精彩解读。

投资是一门充满神奇诱惑的艺术，顶级投资家的选股故事总是会引发我们的无限感慨和好奇探究。《至高无上（二）——汲取史上最伟大交易者投资策略的经验和教训》是第一本集中展现历史上顶级交易者策略的书籍。在这本书中，优秀的投资作家和投资历史学家约翰·波伊克向我们揭示了伯纳德·巴鲁克、杰西·利维摩尔、杰拉德·勒布、理查德·威科夫、吉姆·罗贝尔、欧奈尔等传奇交易者如何驾驭股票市场"这只野兽"，在繁荣与萧条期间获取财富，以及投资者如何才能获得财富。

成功品牌的创业史总是引发人们的无尽遐想。1989年创立的培恩烈酒公司（Patrón Spirits Company）正是这样一个成功的品牌。《培恩之路》详细记述了初创品牌建设的非传统模式，培恩创始人之一马丁·克劳利和他的人生伴侣伊拉娜·埃德尔斯坦用非凡的创造力和独创的营销策略改变了烈酒行业，培恩成为龙舌兰酒品牌中销售额最大的商家，产品销售到全球140多个国家和地区。《培恩之路》完美融合了商业经验、创业灵感和扣人心弦的人生悲喜剧，向我们讲述了世界优质龙舌兰酒巨头的真实故事。

人们期盼已久的《海龟交易心经》一书是《海龟交易法则》的姊妹篇，是柯蒂斯·费思关于风险应对策略的又一力作。费思从对风险的本质的全面探索出发，勾勒出了用以抓住风险本性的一些被证明为行之有效的方法。正是这些策略使"海龟"成为投资界里令人钦羡的对象。费思在书中向我们描述了伟大的交易商们用来管理风险和不确定性的7大规则：(1)克服恐惧；(2)保持灵活；(3)承担合理的风险；(4)为错误做好准备；(5)主动寻求真相；(6)迅速回应变化；(7)聚焦决策而非结果。这些规则可以应用到你的职业和个人生活的任何领域。

美国的基金会诞生于19世纪末20世纪初，历经时光飞逝、通货膨胀以及每年的固定支出，这些资金如何保值增值并得以维持的呢？《基金会和捐赠基金投资》将为我们给出答案。本书重点突出地阐述了在基金会和捐赠基金日趋复杂的投资世界中，投资总监日益显见的重要性。通过检视各类投资总监的职业路径、投资哲学、面临的挑战和所获得的成功，为这一行业的其他投资者提供了可操作的建议。任何一位有志于投资管理的读者，都将会发现其异乎寻常的价值。

投资者也许会问：我们向投资大师、投资历史学习投资真知后，如何在中国股市实践应用大师们的价值投资理念?

事实永远胜于雄辩。中国基金行业从创立至今始终坚持和实践价值投资与有效风险控制策略，相信我们十多年来的追求探索已经在一定程度上回答了这个问题：

首先，中国基金行业成立以来的投资业绩充分表明，在中国股市运用长期价值投资策略同样是非常有效的，同样能够显著地战胜市场。公司成立以来我们旗下基金的优秀业绩，就是最好的证明之一。价值投资最基本的安全边际原则是永恒不变的，坚守基于深入基本面分析的长期价值投资，必定会有良好的长期回报。

其次，我们的经历还表明，在中国股市运用价值投资策略，必须结合中国股市以及中国上市公司的实际情况，做到理论与实践相结合，勇于创新。事实上，作为价值型基金经理人典范，彼得·林奇也是在总结和反思传统价值投资分析方法的基础上，推陈出新，取得了前无古人的共同基金业绩。

最后，需要强调的是，我们比巴菲特、彼得·林奇等人更加幸运，中国有持续快速稳定发展的经济环境，有一个经过改革后基本面发生巨大变化的证券市场，有一批快速成长的优秀上市公司，这一切将使我们拥有更多、更好的投资机会。

我们有理由坚信，只要坚持深入基本面分析的价值投资理念，不断积累经验和总结教训，不断完善和提高自己，中国基金行业必将能为投资者创造长期稳定的较好投资回报。

"他山之石，可以攻玉。"二十年前，当我在上海财经大学读书的时候，也曾经阅读过大量海外经典投资书籍，获益匪浅。今天，我们和上海财大出版社一起，精挑细选了上述这些书籍，力求使投资人能够对一个多世纪的西方资本市场发展窥斑见豹，有所感悟；而其中的正反两方面的经验与教训，亦可为我们所鉴，或成为成功投资的指南，或成为风险教育的反面教材。

"辉煌源于价值，艰巨在于漫长"，对于投资者来说，注重投资内在价值，精心挑选稳健的投资品种，进行长期投资，将会比你花心思去预测市场走向、揣测指数高低更为务实和有意义得多。当今中国正处在一个稳健发展和经济转型相结合的黄金时期，站在东方大国崛起的高度，不妨看淡指数，让你的心态从容超越股市指数的短期涨跌，让我们一起从容分享中国资本市场的美好未来。在此，汇添富基金期待着与广大投资者一起，伴随着中国证券市场和中国基金业的不断发展，迎来更加辉煌灿烂的明天！

张　晖

汇添富基金管理股份有限公司总经理

2016年1月

前 言

培恩已经成为一个经典品牌。它拥有着著名的文化和来自一百多个国家成千上万的忠实粉丝。人们对培恩的品牌耳熟能详,熟知它那经过特殊设计、装着世界上最好龙舌兰酒的酒瓶。培恩已经成功出镜近 200 首嘻哈、说唱、乡村及流行音乐的音乐电视,并被当作一种象征,代表着生活所能提供的最美好之物。任何喝过培恩龙舌兰酒的人一定很想知道在此品牌早期创立阶段所经历的那些有关爱、冒险、动荡的故事。有些事情甚至都让我感到震惊。

我第一次遇到伊拉娜是在 1989 年,同年我和她的人生伴侣马丁·克劳利(Martin Crowley)开始创建培恩。伊拉娜不仅美貌,个人魅力十足,显然还同时拥有强大的商业智慧与创造力。伊拉娜在其个人事业中已经小有成就,她的沉着、自信和智慧提升了马丁的品位,使马丁生活得更自信与从容。

在这段令人难以置信的冒险旅途当中,伊拉娜夜以继日地参与其中,无论是策划一个人们谈论至今的名人竞技活动,还是精心安排圣塔莫妮卡航空博物馆最独特的派对。伊拉娜与马丁一起心怀培恩梦,她无愧为培恩故事的核心人物。一些人看到马丁和伊拉娜在一起,就会认为他俩是"培恩先生和培恩女士"。但这两人相处的方式却很独特。

伊拉娜这位不可思议的女老板象征着培恩生活方式中的慷慨精神。马丁和伊拉娜努力让生活中的每一刻都变得难忘。他们把家装饰得很漂亮,从宴会请帖到用来盛装葡萄酒和龙舌兰酒的精致漂亮的吹制玻璃杯,任何细节他们都不会放过。

他们举办的宴会是个传奇。我当然知晓。我和我的妻子埃洛伊丝（Eloise）多次参加他们的宴会。待到宴会进行得有点狂野时我们便会优雅地告辞，但我们总是在对美食和启发性谈话的回味中离开，当然这一切都离不开培恩。第二天清晨，我们总是带着快乐的记忆醒来，感觉非常棒。至于我们离开后发生的一些故事，我把它留给伊拉娜，让她来告诉你们。

培恩重新定义了人们喝龙舌兰酒的方式。我们创造了一个在业内前所未有的超级品牌。它与非健康的奢侈无关，而与庆祝的气氛紧密相连。伊拉娜和马丁招待客人的方式会让你更热爱生活，觉得与世界更加亲近。它将我们最美好的一面展现出来。

我们都致力于向全世界推介培恩。它创立于墨西哥，之后总部设在加勒比（Caribbean），现在已成为一个世界品牌。和马丁一起我们把事业发展到了当初从未奢望企及的高度。马丁是培恩产品及其独特展示方式背后的创造天才。但马丁和伊拉娜的组合才让培恩的心脏迸发最初的跳动。

伊拉娜在幕后为培恩做了许多，从早期运营的一丝一毫到设计培恩女郎服装时的无限创意，从构思重要的销售活动到培训员工和亲自回复来自顾客的每封电子邮件。她有一套磨平马丁棱角的方法，使马丁展现出最好的自我。无论是和马丁一起会见工厂老板还是世界领袖，伊拉娜都是我们的品牌大使。所有人都认识她，她就是培恩的象征。

伊拉娜优雅、富有同情并充满智慧地讲述着她的故事。这绝不是一个普通的商业回忆录。这是一个充满戏剧性的记述，阴谋、美好和让人心碎的情感交织在一起的传奇。不幸的是，伊拉娜应得的许多东西都被忽视了。但她从未抱怨过，她很洒脱。

在过去的20年里培恩经历了数不胜数的高潮和低谷。但是每个人都能从这本书里读到点什么，不论你是品牌的忠实爱好者，还是我们行业内的学生或其他业界人士。你将会明白，在真正创立并塑造品牌的过程中倾注责任与热情，才能改变行业游戏规则，你将会了解让这一切发生的先驱者，你将通过伊拉娜的记忆和观点去体会感知。虽然我不可能完全分享和赞同伊拉娜的记忆或观点，但我保证你会被这位伟大女性的无私和人情味深深打动。

这位才华横溢的女性开创了一段白手起家建立烈酒品牌的神奇过往。在这本书中，你将通过作者的观点，深入了解有关培恩是如何开始并成为世界第一的顶级龙舌兰酒及世界最成功品牌之一的故事。

和平、爱、幸福。

约翰·保罗·德约里尔（John Paul Dejoria）

培恩酒业公司所有者、联合创始人、董事会主席

致　谢

致约翰·保罗·德约里尔(John Paul Dejoria,培恩酒业公司的所有者,联合创始人):感谢在这24年里我们所分享的一切快乐、鼓励、热情、爱以及你所带来的一切奇幻。这些都是你给我们的巨大财富。感谢你,约翰·保罗,向你表示恭敬而深切的感激。

致迪克·韦弗(Dick Weaver,PR Works公司所有者,我的经理):感谢你,我最好的美国友人,感谢你给了我友谊,特别是对我的指引和理解。没有你就没有这本书。你的投入无法用价值衡量。最后,谢谢你坚定不移地支持我,尤其是在我困难的时候与我同甘共苦。

致珍妮弗·盖茨(Jennifer Gates,来自我的文稿代理商Zachary Shuster Harmsworth):感谢你从容、理解、成熟地引导我度过这个陌生而非同寻常的过程,使我的人生旅途充满快乐,我是一个多么幸运的人啊!

致埃斯蒙德·哈姆斯沃斯(Esmond Harmsworth,来自我的文稿代理商Zachary Shuster Harmsworth):先生,你那充满磁性的嗓音,卓越的专业水平和知识都让我着实感觉到有你在我的团队我是多么幸运。你是一个完美绅士,你的语言有种能让人平静下来的奇妙力量,谢谢你。

致萨曼莎·马歇尔(Samantha Marshall,我的合著者):谢谢你完全地理解我,是你让整个过程摆脱苦痛、充满趣味。你是一位非常特别而且才华横溢的女士。我非常幸运而且非常高兴能有此机会和荣幸与你共事。

致玛丽·格伦(Mary Glenn)、斯泰西·艾什顿(Stacy Ashton)、丽迪雅·雷

那蒂(Lydia Rinaldi)、基思·普费弗(Keith Pfeffer)和帕蒂·阿莫鲁索(Pattie Amoroso)(来自麦格劳·希尔团队)：我向你们表示最大的感谢。团队所带来的巨大能量与成就使我折服不已。你们每个人都给了我充满快乐与和谐的经历，我永远都会铭记于心。

致莎伦·奥弗斯奥维兹(Sharon Ovsiowitz)和伦恩·奥弗斯奥维兹(Len Ovsiowitz)(我的姐姐和姐夫)：我该怎么表示感谢呢？你们一直都在支持我，哦，天啊，我却不经意间经常忽略这份珍贵的情感。你们是我的至亲，我的坚强后盾，我全部感情的归属。感谢你们给我的一切，感谢你们以无与伦比的爱与支持让我的生命充满意义，感谢你们给了我最完美的家庭。我爱你们，无以言叙。

致马克(Mark)、丽贝卡(Rebecca)、加里(Gary)和尼利(Nili)(我的外甥和外甥女们)：我感到极度的幸运，感谢你们陪伴的每一天，感谢与你们共度的所有欢声笑语，感谢你们让我在你们的生命中拥有如此重要的地位。我真切地感到被爱、被重视，即使你们只是觉得我挺有趣。你们的兴趣和注意力每天都在激励着我。我全身心地爱着你们。

致诺亚(Noah)、凯迪恩(Caidyn)、凯西(Casey)和科尔(Cole)(我的甥外孙、甥外孙女)：你们是我生命中最美丽最宝贵的四个人，你们让我的生活充满快乐与光明，我一直在从你们身上学习。感谢上帝让你们降生。你们一定要知道你们可以一直依靠我。我是如此地爱着你们，我的天使们。（诺亚，记住你要到16岁才能读这本书哦。）

致妮娜·斯维勒(Nina Svele，最好的朋友)：你的友谊是我最宝贵的财富。你是如此的美丽，感谢你带给我生活的一切，还有太多太多！你陪我共度这一切，老实说没有你就没有这一切。由衷地感谢你，我爱你。

致泰德·辛普金斯(Ted Simpkins)、史提夫·华莱士(Steve Wallace)、戴蒙德·约翰(Daymond John)、华威·米勒(Warwick Miller)、卡洛琳·劳和汤姆·劳(Caroline and Tom Law)、格雷格·甘恩(Gregg Gann)：我为你们的贡献表示发自内心的感谢与深深的欣赏，不仅是为了这些书页，还有那段坐火箭的经历。

致弗朗西斯科·阿尔卡拉斯(Francisco Alcaraz)：感谢这些年来你向我们所展示的温暖与温柔，谢谢你在这漫漫长路上与我们共进的每一步。培恩的产品与你密切相关。你的努力、奉献与友谊无法替代。在我的心中总会为你留有一席温柔之地。我希望你身体健康，祝你在以后的日子里身体依旧健硕强壮。

致伴我快乐之旅的所有培恩员工：伯特·斯图尔特（Burt Stewart）、艾德·布林（Ed Blinn）、简·佩特韦（Jan Pettaway）、克里斯蒂·雷科德（Cristy Record）、林恩·希尔施贝格·麦凯克恩（Lynn Hirschberg MacEachern）以及所有的培恩女郎。我无比荣幸。谢谢你们。

致王罗恩（Ron Wong）：谢谢你一直以来出色的平面造型设计。你是一位大师，不管是培恩还是我都因为与你共事而变得更加丰富多彩。

致我所有来自I.E.金融服务公司与教师金融服务公司的客户：谢谢你们给我这个机会，让我用喜欢做的事每天为你们服务。

致培恩品牌的所有粉丝和支持者，尤其是来自最前线的各位：在此给你们一个热烈的拥抱。

致马丁：谢谢你陪伴我生命的这段旅程。

目 录

总序 /1

前言 /1

致谢 /1

第一部分　酒品研发

第一章　天降奇缘 /3

蓝色原野 /4

西班牙苍蝇 /5

教父 /7

没有冒险,就…… /8

无法拒绝的交易 /9

回归根本 /11

独树一帜 /13

维加斯宝贝 /14

胸部或胸围 /14

工作女郎 /15

有关昨晚/16

第二章 龙舌兰简史/18

破解神秘/19

迥然不同/20

发明之母/21

治愈性能/21

大量生产/22

从繁荣到萧条，再到繁荣/23

创始人/24

第三章 味道测试/26

一门完美的科学/29

理想的环境/30

父传子/30

不断进化的工艺/32

从蒸馏到上架/33

银酒标准/34

贵　族/34

营销专家/36

远见卓识之人/38

亲密伴侣/39

化学反应的浪漫/41

阴与阳/41

第二部分　品牌建设

第四章 好莱坞明星/47

佼佼者/48

难以获得/49

顺风车/50

　　粉红美元/52

　　免费赠送/53

　　更多特写/55

　　藏家珍品/56

　　走向全球/57

　　花花公子豪宅/58

　　闪亮登场/59

　　品牌大使/60

第五章　凭直觉行事/63

　　未知水域/64

　　实践型国家/66

　　龙舌兰酒之怒/67

　　有力同盟/68

　　存货期限/69

　　脚踏实地/70

　　行走的广告/71

　　独特的逻辑/72

　　水果味弥漫的推销/74

　　准备起航/75

　　势头改变/76

　　高大黝黑的陌生人/76

　　定时炸弹/78

　　大联盟/79

插图/81

第六章　高品质生活/87

　　提前退休/89

培恩女士/90

实验室/91

严肃的正事/94

干旱与疾病/94

屹立不倒/95

枝繁叶茂/96

副总厨/97

举步维艰/100

品酒实验二/101

余波又起/102

无形屏障/103

国际外交/104

国王和上帝/106

第三部分　可持续发展

第七章　猛然觉醒/111

感情的终结/114

未成文的承诺/116

未完成的事/117

无线电寂静/118

特殊送货/118

复印操作/120

延期执行/121

完全清醒/122

秘密信息/123

乳房事件/124

简单的问题/126

胜利者的战利品/127

第八章　未了结的问题/129

　　救赎/130

　　所追求的一切/132

　　最后的欢笑/132

　　令人困惑的遗产/133

　　最后的斗争/134

　　国际象棋大师/135

　　每个人都是赢家/136

第九章　今天的培恩/137

　　新视域/138

　　真实吸引力/140

　　不同、亦相同/141

　　新管理体系/141

　　都是引擎/143

　　培恩团队/144

　　龙舌兰快速号/145

　　增长因素/145

　　因爱而建/146

　　超级优质/148

　　荣誉与奖项/148

后记　了无遗憾/150

培恩之路大事记/154

关于作者/160

第一部分　酒品研发

第一章　天降奇缘

墨西哥的道路总是一如既往的尘土飞扬。我一生的挚爱，马丁·克劳利这阵子正忙于为他的新公司进行每月例行的采购工作。新公司建筑材料营销公司（APM, Architectural products Marketing）的主营业务是销售精美的手工瓷砖、石雕、大理石、陶瓷、家具，以及其他采购自几十个偏僻工厂和采石场的建筑材料精品。马丁的任务是将这些材料带回美国转售给设计师和建筑师，为住在比弗利山庄和沿加州黄金海岸的百万、亿万富翁们建造豪华宅邸。公司客户钟爱他高雅而独特的品位，所以他的事业蒸蒸日上。

作为一名狂热的艺术品收藏家，马丁通晓如何在墨西哥找到最好的工匠。我从未在其他人身上发现如他这般敏锐的洞察力，而这种洞察力能够使各种材料在内部装潢、外部包装、景观设计等方面的作用发挥得淋漓尽致。他同时也是一个出色的谈判高手，通过讨价还价，他能把材料的价格压低到近乎白送。但这种工作需要他走很多地方，他变得孤独疲惫。为了在孤单时聊以慰藉，马丁找到一个木雕（hotei）弥勒佛。这个木雕的特别之处在于它少了一个脚趾头，马丁将其留在车中并紧挨身旁，他认为这个木雕会为他带来好运。

每次他越过边境，总是雇用同一个人当他的司机。这个当地人叫菲利普，英语说得很好，并且熟知当地的地形和交通。马丁不会讲西班牙语，所以他与任何所遇到的拉丁人讲英语，可能正因为如此，久而久之竟也染上了些西班牙口音。

这天是个特别的日子,他们开车行进在公路上,不久便发现两人已身在哈利斯科州山脉。从瓜达拉哈拉(Guadalajara)到这个位于墨西哥中部地区的地方大约两个小时车程。

他们渐渐迷失在周围的景色中,马丁的思绪跳回到这个月早些时候他和公司业务合作伙伴的一段对话。这个人就是企业家约翰·保罗·德约里尔。马丁和约翰·保罗(与他熟识的人称他为"JP"),曾经一边品味着龙舌兰酒,一边猜测墨西哥的贵族们到底喝其中的哪种酒。正是由于两个男人相似的好奇和相投的趣味,他们才经常谈论诸如此类的问题。马丁答应约翰·保罗他下次来墨西哥时一定要搞清楚这件事,碰巧这次误打误撞来到了龙舌兰酒的故乡。

如果想要找最好的龙舌兰酒,那就非此地莫属。在地势高的地方俯瞰格兰德河(Riogrande),河谷为种植蓝色龙舌兰提供了绝佳的环境和地理条件。这种蓝色龙舌兰是一种百合科植物,其植株中心有一个芯,这个芯看起来像一个巨大的菠萝。通过特殊的采摘、加工,并在这些工序之后进行蒸馏,最终就可以生产出龙舌兰酒。

蓝色原野

经历这段让人愉悦的回忆之后,马丁告诉菲利普他准备品尝路过的每一家龙舌兰酒工厂的酒。他们驾驶着汽车在生产蓝色龙舌兰酒的工厂之间不停地穿梭。我想只有上帝才知道马丁在这一天的旅行里到底品尝了多少龙舌兰酒,因为马丁已经醉到自己也记不清了,但等到他清醒过来后,他仍记得一个特别的地方。

他一进入这间工厂,就很快意识到它的与众不同。这个酿酒厂不大但异常干净,有开阔的空间、充足的光线以及新鲜的空气。最重要的是,它给人一种明显的宁静之感。酿酒厂坐落于该地区的最高点附近,山顶的另一边还散落着一些稀疏的古老建筑物,从这里可以俯瞰下面泥泞的小溪。一个家族的几代人一直传承着这个特别的酿酒厂,他们仍然沿袭古老的方法酿造龙舌兰酒,而这一方法一直沿用了50年之久。此地是历史的缩影。工厂亘古不变,除了唯一一个固定的日本客户外,其生产的龙舌兰酒很难在墨西哥以外被找到。

高品质的龙舌兰使它拥有了独特的味道,这种独特的味道是用爱加上古老的方法和认真的呵护所缔造的。它使用的唯一原料是优质的蓝色龙舌兰，别无其他。在那个时代，很少有酿酒厂生产原浆龙舌兰酒，它们往往会在昂贵的原酒基础上添加其他的物质对酒进行稀释，或者通过其他的捷径来调制陈酒的味道，如在酒桶中添加橡木屑来迅速制造出有橡木色和橡木口感的酒。

马丁抿了一小口此工厂的酒后就知道无需再拜访其他酿酒厂了。其他的酒无法与之相媲美。他在这里买了几瓶酒，圆满结束了此次采购行程，最后回到他在加利福尼亚赫莫萨海滩边上的时尚小别墅里。

西班牙苍蝇

人们可能认为培恩已经有一定的历史。其实，直到1989年它被马丁首次发现后，我们才有了这种珍贵的酒品。

我们那时才在一起生活了几个月。这是那种一生只有一次的爱情。这种爱情让你从身体上、精神上以及从智力上等各个层面都感受到相互的吸引。我们在中年相遇，各自经历了丰富和充实的生活。我是从南非移民来到美国的，20世纪70年代末来到加州，追求自由独立的生活。在这里和我最珍爱的姐姐和姐夫——莎伦和伦恩——住得很近。我们从小在一个种族隔离的教会社区长大，我十分珍惜在美国所得到的全新的自由，当然还有随处可见的各式机遇。最终我成立了一家生意还不错的金融咨询公司。

马丁则是一个土生土长的加利福尼亚人。他在十几岁的时候离开了支离破碎的家，人生阅历丰富，曾在美国和平工作队寻求冒险，驾驶帆船环游世界，建造并经营了一家小酒店和餐馆。他还是成功的鉴赏家和企业家，一个能够将激情注入到工作中的人。工作中的他才华横溢，将计划践行到底，能将目标变为现实。他拥有着我不曾见过的无限动力和专注力。他是一个有着无限想象力，具有把幻想变成现实的超凡能力的男人。成为彼此的灵魂伴侣对我们来说似乎难以期望，因为我们从不曾这样奢望过。但这是我们第一次感到如此真挚和彻底的爱，我们的世界突然变得更大、更明亮，在各方面都日臻完善。

我们通过一个共同的朋友相识于一个品酒会。在第一次眉目传情的对话中，我就从他那里学到了很多有关酒的知识。我们不知道，当时的浅啜品酒开启了之后我俩生活的共同主题。

自此邂逅，我们几乎没有分开过。在那时，我们虽然还没有同居，但是已经准备好共同的生活了。不是他在玛丽娜半岛的我家，就是我在他那里。当他去墨西哥旅行时，我们一天要通话好几次。为了让他的事业从破产中恢复过来，他已经很努力工作了。我十分想念他，等不及想要见他。

当我走进他海边的屋子时，马丁没有说任何关于龙舌兰酒的事，但他的眼中闪过一丝狡黠。我知道他为我准备了一个惊喜，但他只有万事俱备才会告诉我。我们终于团聚了：云雨之欢之后，马丁准备了一顿美餐和一瓶葡萄酒。我们很轻松，很开心。他回来真的太好了。

当我温柔地取笑着他的那些旅行细节时，马丁给了我一个狡猾的微笑，朝着他那还未整理的背包走过去，拿出一个玻璃瓶，看起来像是200年前海盗们用来喝酒的那种沾满灰尘的瓶子。

"马丁，瓶子里有一只死苍蝇！"我指着他手里的瓶子说道。

"我知道，这是西班牙苍蝇，壮阳用的。"他挑逗似地回答道。

"真的吗？那我们把它弄出来，我想尝尝看。"我说。我很清楚这绝非凡物。

"忘掉那只苍蝇吧，亲爱的。你必须得尝一下这龙舌兰酒。"他说着，倒了一些在白兰地酒杯里，然后递给我。

"别这样，宝贝，别要求我喝龙舌兰酒。你知道的，这东西仅仅闻上去就让人作呕。"

这是真的。正如很多人所经历的一样，我之前有过一次经历，在喝了龙舌兰酒以后不舒服到想死；那可能是最让人恶心的一次宿醉，我再也不想尝试第二次，只要在那东西附近我就有种呕吐感。除此以外，我也不太喜欢烈酒；我偏好的是精品葡萄酒和香槟酒。但马丁的热情很有感染力。

"来吧，宝贝，我向你保证，这龙舌兰酒不一样。这是你从未尝过的味道。"

"好吧，但是我肯定不会全部喝掉它。"

"当然，你不必全喝掉，就当是白兰地一样抿一口。"

我不情愿地喝了一口。首先让我震惊的是这酒根本没有令人作呕、像汽油一样的那种龙舌兰的酒味，入口的却是一股清澈醉人的液体。我喝了一小口，就像精品葡萄酒一样，我品味了好长时间才咽下去。

"哇，太棒了！"这是我唯一能说的。

对马丁来说，这就足够了。他知道我有多么讨厌龙舌兰酒，所以我是这次试验最完美的对照组样本。他的发现完美地通过了伊拉娜的口味测试。

几年后,在《洛杉矶时报》的一次采访中,马丁描述培恩酒时说它不只是一杯饮品,而是一种体验:"你能体会到的感觉与喝伏特加和喝杜松子酒是不一样的。无论是真实的,还是想象出的,它更像一种精神上的享受。"

马丁能够有如此的发现是因为他时刻关注周围的一切。他的感官一直活跃着,所以当他尝到龙舌兰酒的时候,他完美地捕捉到他所发现的价值。其他人可能会享受这种饮品,然后沉醉,最后忘记它,但是马丁知道他手上拥有的东西无与伦比。而且如果他有这种感觉的话,其他人也会有。

如今,培恩是我唯一饮用的酒品,就是因为这个原因。它的纯净以及高品质的美味是其他饮品所无法企及的。这不是大学生放假时所饮用的一些高酒精度的饮料,它优雅得多。无论你选择如何饮用它,混着玛格丽塔酒或者配着酸橙一口一口抿着喝,都可以尝出不同的味道,体验一种凉爽顺滑的感觉。龙舌兰酒曾给人的灼烧感被一扫而光。转天早上,培恩酒清爽澄澈的感觉也让人不留遗憾。

教 父

我们用晚上的休息时间和早上的几个小时想象着这个产品的销售方式。我们就像设计爱好者一样,喜欢一起创造,再创造。忽然间,我们有了一个新项目。马丁想出用培恩(Patron)来给它命名。他想要一个在所有浪漫语言中都有相同表意的单词。培恩的意思是好老板或者教父,当你想把女儿嫁出去时要找的那个人。我们喜欢它听起来有贵族气派和尊严的感觉。这个单词容易发音,容易记住,表达出主人翁的思想。

我们开始修改并设计酒瓶。我们的原型是一个相当粗糙,像一个畸形的生殖器的瓶子:细长不均的瓶颈配有一个玻璃瓶塞。之后,我和马丁被香水瓶子和它们的包装迷住了。我们以前积攒了好多这样的瓶子,现在把它们一一搬出了浴室,开始研究其形状和标签。我们从香水行业吸取着灵感。这个行业正是通过一种精致的表现力来创造出一种场合感。在酒业,没人曾经花费那么多精力在包装上,它几乎与货品本身价值等同。但是我们认为,靠外表吸引眼球并准确地反映内在美是很有必要的。品牌需要一种手工制作的外包装,能够暗示包裹内容的珍贵罕见。如果创造培恩的奢侈感需要额外投资,那就那样做吧。

当马丁着手设计标签时,我发现了一条绿丝带,而后把它系在瓶颈上。在他的众多饰品中,有一个小巧的金黄色蜜蜂(我至今保留)。他提出一个想法:想用它来作为一种标识。蜜蜂是神奇的生物。在这一刻,我和马丁下意识地尝试将它与现实相联系,所以"这一刻的蜜蜂"出现了,这没有体现太大的思维跳跃,最终成为培恩的营销口号之一。事后想想,蜜蜂也能让人联想到蜂蜜,说明瓶子里的液体让人欲罢不能。

我们都知道,包装必须具有创造性、真实并能精确地反映出产品的质量。对马丁来说,这不仅仅是营销;这是他的人生哲学。几年后,我翻阅一些旧纸张,找到马丁手写的笔记,它完美诠释了他所珍视的万物之美:

一个真正的艺术作品能把神圣的能量俘获,然后散发到周围的环境中去。我们周围的美越多,我们就越能接触到上帝的创造力。我们将其带入自身,与美和爱的力量协同发展。

在这段话的后面,他用一个经常重复的短语做出标注:"真实与美丽密不可分。"

马丁知道,设计不止于外表。它能在消费者中创造一种强大的精神力量。它能让人区分出标志性品牌,例如可口可乐、香奈儿五号,甚至是金宝汤(campbell's soup,国际知名浓汤品牌,多以蘑菇汤为主。——译者注),以及那些特立独行、让其他产品黯然失色的品牌。

一旦开始就没有东西可以阻止我们。我们无法抵挡设计师的职业病。在某一刻,经过几个小时的摆弄,我们再回过头去看这个小瓶子,马丁之后转向我,渴望地呼了口气,说道:"这款酒会成为世界上最畅销的龙舌兰酒,这想法会不会太疯狂?"

在那时,唯一的问题就是我俩都对酒品行业知之甚少。

没有冒险,就……

第二天晚上,我们在约翰·保罗的比弗利山庄吃饭。人们知道约翰·保罗主要是因为他是约翰·保罗—米切尔系统公司的老板。他英俊黝黑,留胡子和马尾辫,与他美丽的妻子一起出现在众多杂志广告里。他的妻子埃洛伊丝是一个金发碧眼的得克萨斯州美人。但是许多人可能不知道的是,约翰·保罗还是一个睿智且涉足广泛的生意投资人和慈善家。他敏锐的职业嗅觉使他非常成功,并具有一种点石成金的神奇力量。

用约翰·保罗的话来说,在和马丁的投资关系中,他就是银行。这一成功的商业联姻促成了我们4个人之间的友谊,我们常在彼此的家里用餐或聚会。约翰·保罗所提出的要求之一就是无论我们在一起做什么都应该是有趣味的。他很明白一个品牌如同一个人的品质,他与我们的信念不谋而合:只有无形而强大的精神力量才能区分出一个伟大的产品和一个好的产品。我喜欢约翰·保罗和埃洛伊丝,不仅为此,更因为其他很多原因。

马丁取出这瓶已经经过装饰的龙舌兰酒,当然我们取出了里面的死苍蝇,给约翰·保罗倒了一杯。

"约翰·保罗,就是它,墨西哥最好的龙舌兰酒。我相信在龙舌兰酒大师弗朗西斯科·阿尔卡拉斯的帮助下,它可以变得更好。我虽不知道现在贵族们喝什么龙舌兰,但我知道他们会在不久的将来喝什么。"

"哇,马丁,你是对的,就是它。"约翰·保罗大声说道,"我们合作。你回墨西哥,让弗朗西斯科参与进来,然后买1 000箱。即使在最坏的情况下,酒如果卖不出去,那至少我们自己,我们的朋友和家人也能享用这世界上最好的酒。"

无法拒绝的交易

不久之后,马丁又随菲利普回到了工厂并向厂家提出了一个交易。他许诺会买下所有他们所生产出的酒,并提供所有的酒瓶和包装材料,条件是工厂不能向其他对象销售产品。当我们还没有1分钱的酒品销售收入时,他就将酒源锁定。工厂所有者同意了他的条件。他们一定认为马丁是一个十足的神经病,但是又有谁会拒绝一桩百分百销售保障的买卖呢?

回到赫莫萨海滩后,我们继续进行设计。马丁和我不断驳回各自的创意,又不断绞尽脑汁,当我们完成一个构想时,又思考着下一步,再下一步。我们脑子里都有这样的想法:我们要想出一个能配得上这件产品的最好设计。就像骄傲的父母一样,我们纵情娇惯自己的新生儿。我们的努力完全交织在一起,我们的共同目标就是完善我们的孩子。没有竞争,没有区分;我们只是两个充满激情的人,相信自己的意图和创造力,并在这个过程中愿意舍弃其他所有事情。我们承认彼此在最终成果上所留下的印记,同时,我们激动并惊奇地发现我们的创意DNA有了神奇的结果。

渐渐的,我们的包装发展成为今天出现在货架上的超优质礼品装。那时,在一个叫王罗恩的平面设计师朋友的帮助下,我们设计出有文字的标签、丝带、一本小册子、纸巾和盒子。罗恩还为我们创造出一个可用的瓶子模型。幸运的是,马丁成功地利用他的采购知识找到了塞萨尔·埃尔南德斯,他拥有墨西哥仅存的玻璃吹制厂,此工厂仍旧让工匠人工吹制每一个瓶子。完善瓶身设计是一个漫长、反复试验的过程。瓶子用100%的回收再利用玻璃制作而成,和原来蜂巢状的瓶子差别不大,加上玻璃塞之后,如同真正的玻璃酒瓶。后来,马丁在瓶底玻璃上刻了培恩字样的浮雕,就像红酒瓶子上的一样。

在那时,没有人像我们一样对细节如此关注。当酒业巨头花费巨资去开发一件新产品时,他们从各种渠道雇用专家和顾问,这些人依据他们的评估以及对数据、可行性、趋势等的分析设计出商品。他们应用了图表,估算了可能性,不幸的是,这样的时间、金钱、调查和劳动无法创造一个具有灵魂、个性独特、有吸引力的产品。而上述这些都是无法被购买、被制造、被控制甚至被伪造的无形资产;他们似乎在有机地进化,伴随着目标和要求、诚实和谦虚、幽默和创造力,注重激情和乐趣的平衡发展与和谐共生。

那些巨头在平面广告和大型广告牌上斥资百万,却没有给人留下深刻的印象。一个值得关注的例外是绝对伏特加(Absolut Vodka,世界知名伏特加酒品牌。——译者注),它在酒瓶的设计中融合了艺术,1986年它第一次委托安迪·沃霍尔尝试创造出第一个瓶装收藏品。此活动折射出这款伏特加酒的一流质量,使它在市场中拥有了自己的精品品牌,打破了市场长时间被公司品牌所主导的格局。尽管马丁和我已经注意到当时绝对伏特加的活动并且欣赏其创造出的精妙绝伦的美丽瓶子,我们还是决定恣意翱翔在自身的创意中,确保我们在酒瓶和包装设计的辛劳工作中万无一失。

来到马丁的沙滩小屋聚会的朋友们都无法忘记我们在每层窗台上所陈列的众多培恩酒瓶原型。他们惊叹于我们在设计上的夸张行为,而我们则在心里记着每个人对这些设计的反应。我在我们最喜欢的瓶子颈部绕上霓虹绿丝带,经过不断修改,直到最后的设计完全符合我们的品味和标准,它融合了我们那些眼光敏锐的朋友们欣赏的所有设计元素。在那些最早的培恩派对中,我们的家就是设计实验室，有很多市场调查员会高兴地向我们提出反馈意见。

接下来，马丁开始注册商标名称、设计瓶身，这是继可乐之后第二个针对瓶型设计的注册。这一聪明的举动包含着令人难以置信的先见之明。我们同时也采购并研究了许多标签、盒子、丝带和其他装饰品，以期产品能够跃居市场同类产品之上。马丁花几个小时与这些产品的制造商通话，第一确保其一流的质量，然后尽可能把价格压下来。在世界各地采购这么多东西以后，我们逐渐意识到我们所花的每一分钱都是值得的。

在1990年上半年，我们的第一批产品卖得不算快，但销售势头逐渐展露。我们赶上了经济衰退的开始，没有人曾消费过高达47美元一瓶的龙舌兰酒。人们嘲笑着，他们不知我们是大胆，还是精神失常。没有人见过龙舌兰酒的这种呈现方式。他们之前也肯定没有尝过这样的酒，它是最高端的。马丁曾说："无论花多少钱，人们总愿意放纵一下。"我们活在自己的泡沫里，没有任何竞争对手。没有人做同样的事，所以我们也不必战战兢兢地过日子；我们只需简单地跟随我们最好的灵感。

回归根本

龙舌兰酒自西班牙征服墨西哥时出现，由于市场批量生产，早已被廉价化。我们用最好的蓝色龙舌兰，保持它的纯净度，这些只是希望它回归根本，使培恩龙舌兰酒延续由征服者所创造的制作方式。我们设想像销售一种好的白兰地酒或单一麦芽威士忌一样的方式将培恩酒出售给有挑剔味觉的鉴赏家。

我们不知道从何开始，只能选择我们所认为的最明智的路线，即教育并和消费一线维持最佳关系：调酒师、俱乐部和餐馆老板。无论去哪里，马丁都随身携带一瓶培恩酒。一天，我们走进一家洛杉矶当地餐厅，我们一般选择餐厅尚未进入高峰期的下午17:00左右，然后坐在吧台。我们向调酒师展示我们的酒瓶，然后要两个杯子，马丁把我们的培恩酒倒在其中一个杯子里，并让调酒师在另外一个杯子里倒入他认为是店里最好的龙舌兰酒，当然我们会支付这杯酒钱。他让毫无戒心的调酒师抿一口而不是大口喝这两杯酒。不管另外一杯是什么龙舌兰酒，调酒师们品尝后的反应总是相同的："哇！"这一招从未失败过。

我们做这样的实验有成百上千次。教育酒吧人员成了我们的头等大事。龙舌兰酒一直是一种能让人喝醉的烈酒，从未被看作是一种精致高雅的饮品。这使得我们意识到人们对龙舌兰酒的认识必须要扭转，这包含一些跑腿儿的活、个人的交流，当然重要的还是我们纯粹的直觉。基于上述铺垫，安排现场推销便不再困难。培恩龙舌兰酒就是这样为世界所熟知的。开始我们胜算的概率不大，很少有人花那么多钱购买龙舌兰酒，更少有人抿着喝它。同样，人们也没有见过像我们这样的品牌所有者。

我们最终了解了洛杉矶地区无数的酒吧、餐厅和酒品专卖店的业主与工作人员。我们安排了"培恩夜晚"，提供餐食菜肴搭配培恩鸡尾酒。后来的人们对品酒会和一些烈酒搭配品尝会司空见惯，但我们的这些活动发生于至少10年之前。如果当时有类似活动的话，那也只针对精致的名贵葡萄酒。

我们最初的尝试发生在1991年，在圣莫尼卡的卢拉厨房墨西哥餐厅（Lula Cocina Mexicana）。这是一个具有墨西哥风味的流行地和时尚购物与餐饮场所。我们成为餐厅的股东，提供一组固定菜单，其中包括餐前玛格丽塔，冰镇培恩银酒搭配酸橘汁腌鱼扇贝，培恩陈年酒搭配辣鸡，以及搭配焦糖布丁的培恩XO咖啡龙舌兰酒。

马丁和我在那里与参加活动的30个眼光敏锐的食客们见面、交谈、聚餐。卢拉很高兴，因为活动为餐厅带来了更多的客户。我们也很高兴，因为我们可以在一个可控的环境下推介我们的品牌，传递一种信念，把培恩塑造成美食家可以啜饮的开胃酒或餐后饮品，就像精致的佐餐必需品波尔多葡萄酒一样。本次活动非常成功，卢拉每隔几个月就让我们回去安排相似的活动。她也在该地区她所拥有的其他餐馆里推广此类活动。

但我们的近距离个人推销策略不仅仅体现在酒吧和餐馆上，马丁还注重与洛杉矶零售商建立良好关系。我们与十几个酒品专卖店业主成为朋友，与他们交往、吃饭，得到他们特殊的关注。虽然他们的陈列空间相对较小，但马丁说服他们将培恩酒成层堆放：在过道地板上将产品箱子堆高来吸引顾客的注意。这种做法通常仅限于有额外空间的超市，因此如果在较小的商店也这样做，就能让我们的品牌脱颖而出。虽然我们从未打折销售培恩，但我们也经常在购买时附加一些赠品。

洛杉矶一个著名的零售商沃利葡萄酒烈酒集团（Wally's Wine & Spirits）的史蒂夫·华莱士编制了一本包括美食、葡萄酒、香槟和烈酒的年终目录。史蒂夫把我们的产品安排其中,这当然是完美的,因为它可以使培恩酒与最高端的产品直接联系在一起,并给消费者一种暗示:喝培恩酒需要某种场合。

这些关系都对我们有裨益,使大家深爱培恩,从而形成一种风尚。我们用人潮涌动的促销活动帮助处在销售前沿的零售场所、餐厅和酒吧,而他们又成为我们的最佳营销商。

有了这么多营销人员,这款新的龙舌兰酒逐渐赢得了口碑。当你卖一个产品时才知道什么是真正的热情。我们对培恩的热情以口口相传的传统方式在南加州地区传播开来。培恩品牌得到众多朋友的爱戴,成为其不二之选。

独树一帜

马丁和我把培恩推销给餐厅和酒吧老板的同时,约翰·保罗利用一切机会把酒介绍给他的名人圈子。他出门都要拿瓶酒。

有约翰·保罗做合作伙伴,马丁无比幸运。培恩正是通过他确立了第一个经销商,南加州的酒仓库公司(Wine Warehouse)。他们不大,而且是区域性的,但好处是,在此之前,他们只卖葡萄酒,所以这是他们目录中唯一的烈酒。培恩没有埋没于其他50个品牌中,而是在这里独树一帜。结果证明,早期的培恩正需要这样的环境。

约翰·保罗的人脉和我们自身的努力都极大地帮助了这个品牌。我们在洛杉矶很有潜质,培恩变成稀缺品的消息不胫而走,在短短的几个月中我们就将第一批货销售一空。试营业表明,我们可以提高规模,订购工厂的最大生产量。然而我们没有预料到的是,需求如此快速地超过供应量。对于一个新兴业务来说,这既是一件令人骄傲的事,也存在着致命的危险。我们盲目想要占据更多市场,努力让我们的酒进入全国的商店和酒吧。没人能预见到困境,没人告诉我们有什么出路。天晓得我们工厂的最大生产能力这么快就供不应求!但是,这也是神奇之处。虽然有些预期,但我们不知道事情将如何发展,于是,不经意间我们颠覆了传统的商业实践,想出了一个更好的办法。

有时候无知真是一种幸福。当然,了解一些经商的基本要素是必要的。但这并不意味着你必须照本宣科,不要害怕制定自己的规则,赢家不会被一个行业规范所限制。要做到真正的成功,唯一的办法就是抵制住任何流言蜚语,跟着自己的感觉走。

维加斯宝贝

这种聪明的毫无头绪在我们第一次去拉斯维加斯时给我们带来了最大的收获。

我跟马丁因为一项任务而到那里。我们的目标是找一个辣妹,但并不只是一味的辣。她必须具备以下所有条件:优雅的体态、迷人的微笑、可爱的脸蛋、完美的臀部、坚挺的胸部。如果胸部是假的,那更好。她不能低俗,而是那种让男人和女人看到她时都会有欲望的女郎。

哦,不,我们并非在寻找一个"三人行"的伙伴,这是一件正经事。在1990年,我们获得了美国葡萄酒和烈酒批发商年会(WSWA)的一个展位,这是美国最大的烈酒业务贸易盛会,也是我们所参加的第一次展会。我们认为,酒品展会与车展的呈现方式大致相同,到处是诱人的女郎。我们需要一个光彩夺目的培恩女郎将客流吸引到我们的展位,看到我们,品尝我们的龙舌兰酒。因为只有客人们亲自体验过培恩,他们才能真切感受到培恩是这个世界上独一无二的品牌。

马丁在展会开始前两天才接到参会电话,所以我们不得不快马加鞭。我首先想到的是要聘请一个培恩女郎,把她打扮得优雅性感。我们有些上面印着"培恩团队"的T恤,我把它们剪下,让裁缝缝到了原本在我衣柜里的两件黑色紧身莱卡迷你裙上。这套服装能体现出女人所有的曲线,需要身材完美的女郎来诠释。

胸部或胸围

在会展前夜,一个拉斯维加斯代理带我们去各家有表演女郎的酒店和赌场,包括米高梅大酒店、凯撒皇宫赌场酒店、里维埃拉、倍利俱乐部等。我们挨个逛,女孩们表演间歇会短暂休息,我们就面试了一些人,并让她们试穿培恩的衣服。她们的腿细长,毫无赘肉。唯一的问题是她们没有胸部。这些舞蹈女孩轻盈美丽,但身体就像青春期的男孩子。她们完全不符合我设计的这件衣服,因为莱卡这种布料的紧实度把她们的胸部挤压得更小了,平坦得就像个飞机场。

现在已经是下午16:00了，代理早就回家了，而我们还没找到心仪的女郎。我们开始担心。没有"诱饵"，我们究竟如何在这些知名品牌中获得我们想要的影响力呢？不需言语，马丁和我已经不谋而合：这是拉斯维加斯，宝贝！

这个地方充斥着年轻性感的气息，而她们的工作才刚开始。我翻开黄页，打电话给一个名为沙漠狐狸的小姐机构，并开始面试妓女。我可以想象电话另一头的那位女士的表情。

"我们需要一个明天能去展会工作的女郎。"我解释道。

"是吗？当然，没有问题。"她窃笑着回答。

"我们需要她现在过来试穿服装，看看是否合身。"

"嗯……你们有什么癖好？"

"我是认真的，这是一个展会。"我坚持说，"派你们相貌最好的女郎过来，对了，还要确保她们的胸部够大。"

我们开始面试各式妓女。她们中有些人很警惕，并且有肌肉发达的夜总会保镖陪同，这我完全能理解。她们自己都不知道她们会遇到什么情况。还有一部分温柔迷人，但在酒品展会的刺眼强光下，她们必须得具备一种坚毅的姿态。单单温柔是行不通的。

工作女郎

最后，我们见到了萨米，唯一一个独自来见我们的勇敢女郎。她是一个绝代佳人，能完美地诠释那件衣服。你永远猜不到她的职业。她拥有一切：品味、自然诱人的美丽、迷人的个性、高耸的胸部。

那天早上，萨米准时出现在我们的展台。除了玩戏法之外，她很高兴能做点兼职，从而供养她的两个孩子。我更喜欢冷色调光线下的她。我自己并非一个完美的典范，我也无法想象她的谋生方式，但我很想去更多地了解她、她的世界。她做的一切都是为了生存。

我带她到化妆间换衣，自己也穿戴好，今天我俩将一起在展台工作。我们穿出了裙子的美丽，裙子背部有培恩蜜蜂的图案，它被镶在绿色心型框里。好吧，可以这样说，这看起来就像一个让客人们喜爱培恩的魅惑邀请。

我们展台的所有元素都不同于其他。展台位于入口处，能首先映入来客眼帘。我们用培恩的颜色：绿色、黑色、芒果色和银色装点整个展台，还准备了许多赠送礼物。黑色的丝绸盖在样品展示桌上，上面放有水晶玻璃杯和插着百合花的精美银色花瓶。与我们的贸易伙伴相比，他们很可能使用光泽纸板和索然无味的展示方式，而我们则更显优雅，女人味十足。在这男性为主导的产业中，我们特立独行。但我怀疑这并不是吸引男士们到我们展台的主要原因。不到一个小时，我们已经成功俘获了一些潜在买家的心，他们忙着想要与金发美女眉目传情，同时又乐于尝试一些新的事物。

有关昨晚

到了第二天，关于我们展台的消息就传开了，人群夹道而来以至于堵住了会场入口。对于培恩抢走了所有的视线，我们兴奋到有点头晕。突然，萨米把我拉到展台帘子后面。她看起来有点害怕。

"亲爱的，你怎么了？"我问她。

"噢，伊拉娜，我不知道该怎么说，但是你看见在那边的两个男人了吗？"

我瞥了一下外面，看到两个相貌普通，身着套装的秃头中年男性。

"看到了，怎么了？"

"我昨天晚上是陪他们的。他们轮流和我在一起。你不会相信他们有什么兴趣。现在他们要认出我来了，我很抱歉。你希望我怎么做呢？"

"什么都不用做，萨米，相信我，他们不会说任何话的，他们是已婚男性，我可以看见他们的婚戒，所以他们不被认出来才要庆幸呢。你就像往常一样，表现友好，假装你们之前从没见过就行了。相信我，这不是你的问题，而是他们的。"

那可怜的女孩眼睛里几乎充满泪水。她不想让任何事情来破坏她的新工作。我尽全力去忍住笑意，但这所有的一切都让我觉得太荒谬了。太多的人将这次交易会当作聚会的借口。对他们来说这只是一次公费旅游，显然他们就是抱着这种"在拉斯维加斯发生的事就会留在拉斯维加斯"的心态。

在那以后的几次活动中我们又雇请了萨米。曾经有一次，我们甚至让她飞去了洛杉矶。她做得很棒，人们都很喜欢她。她是第一个培恩女郎，很快，培恩因为那些博识又华美的年轻女郎而盛名卓著。她们必须个性优雅，和我们一样热爱培恩酒。她们无处不在：餐厅女侍应，路边闲逛的人，酒吧里的人，驯马师，甚至是在脱衣舞会工作的人。但是他们都有一个共同点,哦不,应该说是两点吧。

看起来这似乎难以置信,但我们的确是唯一有女郎参与展示活动的参展商,其他人都没有。我们成了交易会的焦点,之后很快整个行业都宣传我们的事。突然间,培恩龙舌兰成为一个人尽皆知的品牌。在接下来的一年,展会每个展商都雇用了工作女郎。

但是很明显的,他们都忽略了一个重点。那些酒业营销员仍然主要是穿着西装,推广传统模式的中年人。而我们呢?不仅仅是我们的女郎,我们的整个展示方式,包括展桌布置都很性感。业界其他经营者都没能明白,仅仅有性感的女郎,而没有实际的信息,她们仅仅是在卖肉。这样或许吸引了人们的注意力,但男人们一旦得到了,接下来不会去做任何其他事。这是一个巨大的失误。没人去培训他们的女郎,因此产品信息和愉快感都没有得到传播。但是我们的培恩女郎不仅仅养眼,她们更是品牌大使,她们用外貌和俏皮的幽默去吸引顾客的注意力,接着用自身无所不知的品牌知识让顾客震惊而称赞。

作为一个产业新人,我们从未想去做其他多余的事情。用年轻的貌美女郎推广我们的品牌知名度,为我们的龙舌兰酒创造一个集修养、美丽、欢乐和激动为一体的氛围,这些都看起来那么显而易见。毕竟,我们认为龙舌兰酒就代表社交,代表美妙时光。至少我们自己的品牌是这样的。

最后,我们将培恩品牌推广到整个国家。原本只是在墨西哥中部高山上一个积满灰尘无名工厂里的龙舌兰酒,现在却在美国获得每个时尚人士的交口称赞。

我们是真正的变革者。现在我们要做的就是传递。

第二章 龙舌兰酒简史

任何大品牌都并非凭空出现。了解其丰富的历史和背景可以帮助我们积累一个经典产品在生产、销售等环节的经验。现在我们要以培恩为例。

在马丁遇到培恩之前,我们对龙舌兰酒的起源知之甚少,但我们很快就发现,弗朗西斯科·阿尔卡拉斯是一个尚未被发现的巨大瑰宝。他对这款古老且神秘的饮品如数家珍,其熟知程度完全可以和阿芝特克人相媲美。现在,他已然成为我们在墨西哥哈利斯科州龙舌兰酒厂的酿造能手和世界一流的龙舌兰酒专家。

恰巧,龙舌兰酒还是旧世界(即欧、亚、澳、非洲,尤指欧洲)与新世界(指西半球或南北美洲及其附近岛屿)文化完美的结合体。在加利福尼亚,我们经常举办家庭晚宴,弗朗西斯科向我们描述了以下场景:几百年前,早在 16 世纪西班牙人到来之前,来自阿玛蒂特兰市(Amatitlan)即是现在的危地马拉地区的铁奇拉(Tiquila)部落已经会用蒸馏及发酵龙舌兰这种植物来酿酒。这种酒只有当地的掌权者才可在仪式上享用。换句话说,只有神和教士才有资格来品尝这款当代龙舌兰酒的前身。

我惊喜地了解到原来阿芝特克人的女神马亚休(Mayahuel)也与龙舌兰酒的最初原型有关联。她是一位拥有绝色美貌的女子,用 400 个乳房哺育了 400 个孩子,公然违抗她天国的家庭,选择与羽蛇神奎扎科特(Quetzalcoatl)私奔。为

第二章 龙舌兰酒简史

了躲避马亚休邪恶的祖母,他们变身为树枝。但他们还是被发现了,这对新婚夫妇最终被处以死刑。

丈夫奎扎科特不知怎的,竟活了下来。但是,马亚休却在众星之中化为碎片。奎扎科特将她埋在地球,就在龙舌兰植物新芽初长的地方。然而,天上众神的怒气并没有因此而平息,一怒之下用闪电将植物击倒毁灭。大量的植物着火了,布满刺状的叶子被大火吞噬,只剩下最中心的部分,被称为"凤梨"(pina)。它渗出了马亚休的血液,这是一种既令人兴奋又芳香四溢的琼浆玉液,与蜂蜜一样甜美的味道吸引了所有靠近它的人们。这就是在阿芝特克文化中最早作为仪式上供奉神灵的祭品,也就是龙舌兰酒的起源。

为了完成本书,我不断深入探究龙舌兰酒的历史和起源。在此过程中,我惊喜地发现了这些信息所蕴藏的财富。我们最初开启探究培恩的旅程时,这个市场几乎空白。然而,现在却出现了大量关于龙舌兰酒的专门网站,涌现出许多龙舌兰狂热迷。他们的博客上没有其他内容,只记载着关于这款酒品的信息。我在此也摘录了一些最有趣的内容,其中有一些是从网络上搜集而来,希望可以为愿意继续进行探究的人们提供参考。其实,说到女神马亚休时,还有一些更为详细的信息:

据说,马亚休同样是墨西哥女神中美酒的象征。通过观察一只喝龙舌兰汁以至于喝醉的老鼠,她想到一个主意:为何不将龙舌兰植物发酵呢?后来,这个神奇的想法变成现实。当时墨西哥印第安人将之称为奥克利(octli),也就是今天赫赫有名的龙舌兰酒(pulque 酒,墨西哥人和中美洲人大量饮用的)。这种以龙舌兰汁发酵后而制成的酒富含维生素,是梅斯卡尔酒(mezcal)最早的雏形。

龙舌兰植物在早期拉丁美洲社会中发挥了重要的作用,这不仅仅归因于其营养价值。有迹象表明,早在史前墓地中就有龙舌兰草的身影,这可追溯到公元前7000年。龙舌兰叶子可以用来制造纤维。这种纤维可用于制作衣服、绳索以及其他家用物品。出于种种原因,据1596年中美洲历史记载,该植物被命名为"奇迹之树"(el Arbol de las Maravillas)。

破解神秘

独特的拉丁传说围绕龙舌兰及其起源而展开,尽管并非所有传说都那么诗情画意。也许,人们还存在对龙舌兰酒的普遍误解,其中之最便是其酒瓶中有蛀虫。事实上,品质上乘的龙舌兰酒中永远只有龙舌兰这一种成分。这种毫无根据的说法在20世纪40年代开始盛行,当时一些美国品牌将蛀虫放在酒瓶中,这是一种廉价营销手段,目的是刺激消费。不知怎的,人们开始觉得喝龙舌兰酒时,这虫具有使人产生幻觉或精神异常的功能。要是这传闻是真的,那就好了!

有些人认为,蛀虫的起源是由于龙舌兰植物上可能大肆寄生毛虫,从而影响了酿造梅斯卡尔酒的过程。显然,人们应该是吃掉了蛀虫,或者更加精确地说,是吃掉了在梅斯卡尔酒中的幼虫。尽管我无法想象为什么有人要吃幼虫,但它确实是可以被安全食用的。但蛀虫只是某些梅斯卡尔酒品牌的特征,并不是所有龙舌兰酒的。

迥然不同

具体来说,龙舌兰酒是否可以作为礼物来赠送还有待商榷。人们经常将龙舌兰酒和梅斯卡尔酒或梅斯卡尔白兰地相混淆。据说这些都是龙舌兰酒的前身。但确切地说,它们肯定不是同一类饮品。龙舌兰植物的种类、生长的地区以及制造工艺完全不同,使得酒品味道迥然不同。一般来说,梅斯卡尔酒是一种烈性酒,喝下去的时候,会感到喉咙像是要燃烧起来。它和顶级龙舌兰酒例如培恩相比,就像是廉价的裸麦威士忌酒相比于口感上乘的单一纯麦芽威士忌一样。这两者基本原料类似,但口感天差地别。梅斯卡尔酒现在越来越受到调酒师的欢迎。我能想出的唯一理由是培恩的孕育成功。龙舌兰酒的"祖父"或者说"可怜的远亲"正借着全球掀起的龙舌兰酒热潮乘势而来。

梅斯卡尔酒可由多种不同的龙舌兰植物(在墨西哥大约有136个龙舌兰品种)制成,其大多生长在瓦哈卡。但是,龙舌兰酒只能由蓝色龙舌兰这一种珍贵的植物制成。而它只生长在哈利斯科州高原上和周围少数的几个州。酿造梅斯卡尔酒的传统方法需要取出龙舌兰植物中含糖的中心部分,然后在地上挖出大坑,在大坑底部填入石头,在石头上引燃篝火,当石头被烧热,再向坑里放入"凤梨"(pina,龙舌兰植物的芯),直至有一种强烈的烟熏气味。而烘烤龙舌兰酒的植物中心部分则是放在地面上的砖灶上进行的。事实上,不同的龙舌兰植物,其收割与处理过程也不尽相同。比如,梅斯卡尔酒只需要蒸馏一次,而龙舌兰酒则至少需要蒸馏两到三次。

发明之母

虽然之前酿造梅斯卡尔酒时也会进行发酵,但直到1520年才真正意义上开始加入烈性元素。需求是发明之母,这次改进的主要原因是当时酗酒的西班牙人已经开始进入新世界,尽管当时西班牙殖民地开拓者到底何时开始接触此类当地饮品尚无定论。据说,当早期西班牙征服者喝光他们自己所带来的白兰地时,就引进了摩尔人萃取龙舌兰植物的蒸馏法,从而酿造了北美地区第一款蒸馏烈酒。这至少是其中一个关于引进蒸馏法的版本。另一个说法是来自马尼拉的菲律宾船员乘坐西班牙帆船停靠在哈利斯科州码头时,将这种方法介绍给当地人。他们用蒸馏法来酿造椰子白兰地。在此之后,墨西哥印第安人改良了技术,开始在自家酿酒厂里使用该方法酿造梅斯卡尔酒。

大约80年以后,也就是1600年,传说在奥尔塔米拉地区,有龙舌兰酒之父之称的阿马阿提坦侯爵是筹备工业化生产的第一人,也是在今天的哈利斯科州为制造梅斯卡尔酒而大面积种植龙舌兰的第一人。在新世界早期,为了减少同西班牙本土产品的竞争,西班牙国王菲利普二世禁止墨西哥种植葡萄园。所以阿马阿提坦侯爵发现了商机,充分利用本地的蓝色龙舌兰植物牟利。然而,西班牙商人事后才发现此巨大商机。当时民众更喜欢朗姆酒。所以销售龙舌兰本就十分困难,但这位具有远见的西班牙贵族并没有打消这个念头。他建造了本地区最大的一座庄园,做起了从严格意义上来说仍是梅斯卡尔酒的进出口贸易,获得了巨大的财富。当然,此故事并没有得到证实。各方仍无定论。

治愈性能

对于殖民地居民来说,拥有大量的酒类十分必要,因为他们已经习惯了在用餐时喝葡萄酒或啤酒。相比欧洲的安全饮用水,过去在墨西哥喝水并不是那么明智的选择。酒精还可以用来帮助杀死残留在食物上的细菌。早期的龙舌兰酒并不只有这一个功能,它同样可以被当作药物来使用。西班牙医生们甚至把它当作外用镇痛剂来治疗风湿病。

尽管一些关于龙舌兰最早起源的故事还有待验证,但有一点可以确信,那就是第一个正式建立的龙舌兰村庄是在1656年。哈利斯科州地区位于殖民地的外部,地方原来叫作新加利西亚。对于西班牙征服者来说,居住在那里的原住民是最顽强的,也是最难攻克的。要不是因为发现蓝色龙舌兰植物丰富的资源,西班牙人根本不会有这么大的兴趣。龙舌兰位于瓜达拉哈拉东北34英里,依傍在高于海平面近10 000英尺(约3 048米)的死火山上。尽管还有其他因素,但那里干燥的气候、陡峭的地势、红色的火山土壤都是蓝色龙舌兰生长最理想的环境。如今的龙舌兰小镇已闻名世界,但人口仍然稀少,大约仅有3万人居住。

大量生产

1758年,西班牙开始允许在墨西哥境内种植龙舌兰植物。西班牙国王把哈利斯科州一大片土地的耕种权授予西班牙商人乔斯·奎尔沃(Jose Cuervo,即是"金快活"酒厂的商标。——译者注)。到19世纪中叶,其家族生意已经坐拥超过300万株龙舌兰植物。到1880年,金快活一年可以销售10 000大桶酒。

其他一些大大小小的制造商紧随其后,包括现在的著名品牌马蹄铁龙舌兰(Tequila Herradura)和索查酒(La Perseverancia Sauza)的前身。1821年,墨西哥独立之后,越来越难见西班牙的产品,这时,龙舌兰酒才在国民经济中获得一席之地。农业方法变得更有条理,生产技术也进步了。他们引进了如高压锅一样的工业炉来取代在地上挖个圆锥形洞的传统方法,这样就可以更快速地煮沸。

由于引进了铁路系统,墨西哥可以将龙舌兰运到更加偏远的地区。很快,这种烈酒吸引了税务当局的注意,他们通过对该烈酒征收赋税来提高收入,帮助墨西哥革命,抵御马克西米兰国王的持续侵扰。在接下来的几十年里,由于对墨西哥的独立和革命产生了重要作用,龙舌兰酒成为国家骄傲的象征,法国科涅克白兰地在当地受到抵制,爱国热情高涨,大家都支持墨西哥原产的烈酒。

19世纪末,龙舌兰村庄的地主唐·塞诺比奥·索查(Don Cenobio Sauza)是第一位将龙舌兰出口到美国的人,数量总共8大桶。之后,他的外孙唐·弗郎西斯科·哈维尔(Don Francisco Javier)大幅度提高了生产标准,获得了世界的注目。正如所报道的那样,他坚持"没有龙舌兰植物的地方是不可能有龙舌兰酒的"。1873年,为了和梅斯卡尔酒区分开来,在该地区生产的龙舌兰酒被正式冠名。1944年,制作龙舌兰酒的标准变得更加严格,当时墨西哥政府决定只有在哈利斯科州境内生产的酒类才可以被称为龙舌兰酒。

如今,几乎所有的龙舌兰生产商都分布在特基拉(龙舌兰)镇周围100英里的地方。自我们建立了第一个高端品牌以来,这里的工厂数量不断激增。直至2012年,一共有144家正式注册的龙舌兰酿酒厂,共有1 269个不同的品牌,规模不等,从小型家庭式作坊到拥有高端技术的大型酒厂。由此可以看出,培恩确实是同类产品的先驱鼻祖。培恩品牌的龙舌兰酒自始至终都可以带来最纯正的味道。

从繁荣到萧条,再到繁荣

龙舌兰剩下的故事就是一系列从繁荣到萧条的不断循环。当时在墨西哥北部,西班牙流感爆发,医生认为一小杯龙舌兰酒搭配柠檬和盐的组合可以有效治疗该病,这使得龙舌兰十分受欢迎,稳固了龙舌兰在墨西哥消费者心目中的地位。此传统一直保留至今,尽管现在人们采用此配方并不一定是为了治疗疾病。第二次世界大战期间,欧洲烈酒稀少,使得美国对龙舌兰的需求又出现高峰。龙舌兰逐渐走进千家万户,许多之前从来没有喝过此类酒的美国人也慢慢地适应了这种味道。但是,在20世纪50年代中期,由于当时竞争更加激烈以及和平时期规定,墨西哥酿酒厂对外出口产品十分艰难,龙舌兰酒的销量又再次下滑。

同时,随着酿酒商们将生产技术和农业技术进行现代化更新,墨西哥政府逐渐开始对龙舌兰产业加强监管。1947年,政府颁布命令,龙舌兰酒中至少要含有51%的蓝色龙舌兰植物的成分。1959年,卡马拉地区的龙舌兰商会正式成立。与此同时,位于瓜达拉哈纳地区的总部逐渐开始发挥作用,用更加严格的手段为该产业的完善与健全护航。他们对国内外市场越来越警觉,不断提高酒类标准。只有符合严格标准的烈酒才能配得上龙舌兰(tequila)这个神圣的名称。这是一项有关民族自豪感的重要任务,同时也是一个优秀的商业手段。

从20世纪60年代开始,龙舌兰酒的销量及产量都保持稳定的增长。但是,由于受到20世纪80年代早期墨西哥严重经济危机的影响,产业再次遭受重创。20世纪90年代末的几年里,龙舌兰植物的严重短缺影响了生产。稍后再做详述。

创始人

　　这一切只不过是风靡世界前的平静。在培恩面世之前，龙舌兰在烈酒市场上所占份额不高。1977年，伏特加的销量达到3 290万箱，但龙舌兰的美国国内销量仅有600万箱（9公升/箱）。尽管不同地区的情况不尽相同，比如纽约人喜欢喝苏格兰酒，南部和中西部人喜欢喝美国威士忌，几乎所有的龙舌兰酒都销往美国西南部，但从一定程度上来说，大部分市场自始至终都是被伏特加和朗姆酒所占据。培恩及其高端化战略的出现颠覆了此局面。它凭借极其精致的风格与味道，以超优品质吸引了更多高端客户。今天，在所有烈酒品牌中，都出现了大量模仿培恩品牌的情况。即使是波旁威士忌，那种只有在美国腹地（美国最具有南方特点、最保守的一片地区）的酒吧中才能喝到的酒，再比如野牛遗迹（Buffalo Trace）和活福（Woodfood Reserve）都在模仿我们的策略——向市场投放奢华小批次产品。他们也将烈酒陈年放置，经过多次蒸馏、过滤等工序，最后装于手工吹制的个性酒瓶中。在过去的20年里，酒类行业不断推陈出新，更多高要求客户只追求最好的品质。

　　起初，培恩的年销量只有1万箱。直至2011年，其销量达到约200万箱，收入为11亿美元，是世界龙舌兰零售行业的龙头。根据墨西哥龙舌兰委员会的最新统计数据，依照美国客户群的购买记录，直至2010年，龙舌兰的总体销量预计可以达到1 160万箱。这傲人数字的背后是因为培恩引领了此市场，并开创出一个全新的领域：奢华高端龙舌兰酒。根据美国蒸馏烈酒理事会（DISCUS）的统计，从2003年开始，单瓶售价超过22美元的龙舌兰酒销量已经增长了317%。

　　如今，整个市场呈现供大于求的局面，但由于龙舌兰植物的短缺，龙舌兰酒的生产也面临压力。我认为，更多以100%蓝色龙舌兰为原料的高档龙舌兰正进入市场。同时该市场也存在大量模仿培恩的品牌，包括当时在美国HBO电视网大热的电视剧《明星伙伴》中出现的品牌。在墨西哥，现有超过100家酿酒厂，900个不同的龙舌兰酒品牌，注册的品牌更多达2 000个。从整体上来说，这有助于品牌提升质量意识，激增市场需求。这对位于产业核心地位的墨西哥和美国市场起到了推动作用，当然也包括其他国家。

　　尽管涌现出大批竞争者，培恩一直在高端烈酒市场保持着领先的地位，其精致的风格味道与奢华品质和质量上乘的法国科涅克白兰地不相上下。得益于培恩的帮助,龙舌兰酒的行业前景十分乐观。现在,一系列成熟知名的龙舌兰酒正在全球市场上稳固着自己的地位。这不再是昙花一现。在过去的两年时间里,100%纯正龙舌兰酒的出口量有了惊人的增长。这表明,自几个世纪前西班牙征服者发现龙舌兰以来,现在的龙舌兰酒,特别是那些走高端奢华路线的品牌,已经掀起了一个全新的流行狂潮。

第三章　味道测试

要么成功要么失败。马丁选择冒险，他决定通过盲测(参加测试者在不知道产品名称的情况下，比较产品质量或受欢迎程度)的方法，公开挑战市场上销量最好的龙舌兰酒，并希望通过此举快速塑造消费者心目中的品牌意识。的确，这是一个冒险举动。如果培恩挑战失败，那就白白为对手做了个免费且精彩的广告宣传，同时也就毁了我们自己的品牌。

约翰·保罗的朋友沃尔夫冈·帕克(Wolfgang Puck)为我们提供了最好的场所：斯帕戈(Spago，一家洛杉矶标志性的餐厅。——译者注)。当时，斯帕戈是那些有权有势的人午餐的热门场所。这次味道测试更像一场龙舌兰午宴。单凭我们周四中午在那里做的这场龙舌兰午宴就足以引起巨大的轰动。那是在1991年。20世纪80年代以3杯马提尼酒午餐为特点的生活方式已经不再流行了。所以，在当时经济不断衰退的大环境下，举办一个如此精致的活动着实令人难以置信。这场活动加上我们纯粹想证明点什么的勇气一度成为好莱坞津津乐道的话题。

我的挚友迪克·韦弗(Dick Weaver)主要负责本次活动。他过去是我做公关时的同事，现在拥有了属于他自己的精品公关公司PR Works。他对公关活动有着独到的见解与方法，主张将不同行业的客户组合在一起，形成一个有趣的专家评论员小组。迪克召集了许多知名人士来担任鉴赏家，其中包括他的客户路易斯·巴拉哈斯（Luis Barajas）——当时洛杉矶最风靡的杂志《曲折》（Detour）的创始人和编辑，以及著名的好莱坞专栏作家、社会名流琼·奎因（Joan Quinn）。同时，我们还邀请了许多顶级的餐饮业评论员和餐馆老板，包括著名的洛杉矶时髦风尚开创人史蒂夫·华莱士，同时也是奢华零售商品牌沃利（Wally's）的老板。因此，我们的鉴赏人都在社会上备受尊重，并拥有极大的影响力。为了增加可信度，我们雇用了安永会计师事务所来监督并记录结果，这同他们为奥斯卡颁奖所做的工作如出一辙。

当然了，我们的活动也会有一些社会名流参加。迪克碰巧是地球联络办公室（Earth commu, nications office, ECO）的董事会成员，这是第一个旨在提高人们对全球变暖问题关注的环境保护组织。他说服了马丁和约翰·保罗，认为与其费力地一个个说服名流来参加活动，不如一次性捐赠一笔钱给ECO。在他的建议下，他们捐赠了1万美元给ECO，并且鼓励ECO来参加此次盛宴。反过来，作为回报，ECO邀请其核心成员参加培恩的活动，形成了双赢的局面，扩大了公关收益。这可以说是一站式购物。

受邀的社会名流包括汤姆·克鲁斯（Tom Cruise）、咪咪·罗杰斯（Mimi Rogers，汤姆·克鲁斯的第一任妻子）、阿诺德·施瓦辛格（Arnold Schwarzenegger）、小艾德·博格里（Ed Begley Jr.）、埃塞·莫拉莱斯（Esai Morales）、莎拉·吉尔伯特（Sara Gilbert），还有奥运会金牌设计者、艾滋活动家格莱格·洛加尼斯（Greg Louganis）。名单上的部分名流参加了此次活动。其余到场的明星包括约翰·保罗的朋友詹姆斯·柯本（James Coburn）以及迪克的朋友罗拉·弗琳·鲍儿（Lara Flynn Boyle）。与其说这是一场产品发布会，不如说更像是一场电影首映礼。

每处细节都必须完美无瑕。因为这是培恩的第一场大型媒体活动。我在邀请卡上制作了精美的浮凸花纹，底色是培恩的代表颜色黑色，卡片上还系着绿丝带。我们让位于墨西哥的吹制玻璃厂寄来了150个特别订制且只有培恩酒瓶半个大小的瓶子作为客人的纪念品。但是，它们在发布会前一天才到达，瓶身上有许多木屑需要清洗，并且还要贴上标签，系上丝带，灌满培恩酒。幸运的是，我们手上有一些免费的劳动力，我11岁和13岁的外甥们，加里和马克，以及在我们玛丽安德尔湾厂做夜班的洗瓶工们。他们灵活小巧的手指正好可以用来贴这个只有原来一半大小的标签。同时，他们非常高兴可以参与这项工作。

不。当他们在灌装80°培恩酒时,我们特别请了监护人来照顾这两个未成年人。我们的女性朋友黛博拉·赫尔曼(Deborah Herman)特别前来帮忙并监督。我把这项工作交给他们三个的同时,就能去招待几位贵宾,他们是工厂所有者和我们的龙舌兰酒专家弗朗西斯科。我特地请他从哈利斯科州飞过来参加此次活动。除了弗朗西斯科,其他人只会说一点点英语。因此,我们特地邀请了在玛丽安德尔湾遇到的一位魔术师,西蒙·温思罗普(Simon Winthrop),为我们在晚餐期间表演一些魔术来助兴,不让他们感到无聊。当我和马丁第一次见到西蒙,我们都为他美丽的笑脸和精气神所着迷。我们意识到必须邀请他来推广培恩,之后,客人们对他的反应也说明了我们的直觉是正确的。大家都非常兴奋。由于西蒙即将成为我们活动的主要表演嘉宾,可以说,为了斯帕戈餐厅午宴所做的这次排练和准备是非常成功的。

第二天,我感到既兴奋又诧异。所有的一切都在井然有序,有条不紊地进行着。特别是位于斯帕戈餐厅日落大道的房间看上去是那么完美无瑕。沃尔夫冈准备了一系列开胃菜和精致的三道菜式午餐,每道菜中都使用了培恩的龙舌兰作为原料。从来没有人这样尝试过。但是他制作的可口小吃和冰冻果子露让人赞不绝口,同样获得肯定的还有我们向大家所展示的培恩信念。当在场超过100位客人彼此互相交谈、啜饮、低语时,西蒙在现场表演精湛的魔术。正如我们所期待的那样,他的表演非常成功,令在场的所有人士感到惊艳。

当鉴赏员们聚集在餐厅一旁讨论时,媒体人士和时尚大佬们的派对仍在如火如荼地进行着。我用眼一瞟,发现马丁正在紧张地来回踱步。他大汗淋漓,几乎失去了信心。作为一名冒险型的事业家,我很少见他如此紧张过。但那时,所有的一切都象在赌博。

但是,你绝对不可能从约翰·保罗的神色中看出点什么,因为他实在是太冷静了。

"保罗,你不担心吗?"我问他。

"不,一点也不,伊拉娜。我们会成功的,我知道。"他回答。

安永会计师事务所的工作人员上楼记录分数,然后带着裁定的结果走下楼来。这种等待简直是煎熬。尽管我们知道没有哪家品牌可以和我们的味道相媲美,但我们当时是向许多昂贵且知名的龙舌兰酒发起了挑战,我至今仍记忆犹新的品牌包括马蹄铁(Herradura)、索查(Sauza)、纪念(Commemorativo),以及一些其他的金快活龙舌兰系列。当时该行业还比较小众,选择性不大。当然,培恩是所有竞争品牌中价格最昂贵的,因为,我们也是唯一一家除了重视质量以外,对包装和酒品展示也花费巨大心思的龙舌兰酒制造商。

但我们当时冒的风险仍是巨大的。所以,我当时的心情不能仅仅用"紧张"两字来概括。终于,其中一名审计员将大家的注意力集中过去,宣布:

"本次活动的赢家是……"

就在那时,魔术师西蒙点燃了香烟,培恩在烟雾袅袅中出现在大家面前。我们最终胜利了!(当然,为了以防万一,西蒙做了两手准备,将其他可能获胜的品牌也放置在其附近。)

约翰·保罗是对的。我们获得了第一名。人声鼎沸,大家都鼓掌表示赞同。接下来的几周,媒体不断对我们进行报道。这个活动让培恩打出了名声。通过这场盲测,我们终于有底气告诉大家培恩才是市场上最好的龙舌兰品牌。

17:00了,最后一批客人用餐结束,乘坐我们安排好的豪华轿车安全起程回家。从那时起,培恩成了每一位好莱坞行家津津乐道的品牌。

从此,一颗新星冉冉升起。

一门完美的科学

如果没有上乘的品质,那么就算是包装再华丽,粉丝宣传再高调,培恩也只会是昙花一现。这就是为什么当马丁发现最初的工厂时,他所做的第一件事就是买断配方的所有权和专利权,之后他详尽地咨询了弗朗西斯科关于如何调整蒸馏工艺,从而可以使口感更加顺滑的方法。此举后来被证明是培恩保持其市场领先地位并经久不衰的秘诀。随着品牌领域不断拓宽,工艺技术必须不断适应新的产品。然而,在过去的二十多年里,培恩从来不曾忽略生产过程中的每一个细节。并且,有一点可以肯定的是:口感至上始终是培恩多年发展过程中所坚持的永恒法则。

培恩的起步得益于龙舌兰植物。所有的龙舌兰都经过不断的蒸馏和发酵。与大众普遍的误解不同,龙舌兰植物其实不是仙人掌,而是一种多汁植物,属于百合科。在科学领域,龙舌兰类植物最早是由德国植物学家佛朗兹·韦伯(Franz Weber)在20世纪初命名并分类的。另外,蓝色龙舌兰是此类植物中的巨人，直径大约可以生长到 12 英尺（约 3.66 米），寿命在 15 年左右。

理想的环境

并非所有龙舌兰田地的条件都一模一样，这与勃艮第葡萄园的情况类似。与种植葡萄一样，某些土地拥有优越的生长条件和土壤。弗朗西斯科用了一个葡萄酒术语"风土条件"（terroir）来形容这些差异。它可以翻译成"风土特色"。"风土条件"主要指位置的特点，包括地形、地势、地质、气候以及微生物环境等一切自然条件的总和。

哈利斯科州火山的底土以及局部气候都会对口感产生细微的影响。比如，生长在低地里的龙舌兰植物糖分比较低，而生长在高原地区的龙舌兰植物有果味，糖分相对较高。培恩所使用的龙舌兰植物都生长在高原地区。弗朗西斯科走遍每一个村庄，与每一户卖主，无论是老板还是劳工都保持着密切的联系，确保没有遗漏任何会影响龙舌兰口感的重要信息。事实上，培恩与该地区大量优秀的农场主都保持长期合作的关系。

龙舌兰植物需要高度严苛的种植工艺，并不是所有的农场主都有能力参与到这笔生意中来。蓝韦伯（Blue Webber）系列的龙舌兰植物在其糖分达到最大值并可以收获之前的成熟期大概需要 6～10 年。而且，只有被称为希码窦（jimador，西班牙文中指种植龙舌兰植物的专业农民）的种植农场主知道何时才是收获的最佳时期。了解这一点非常重要，因为如果判断错误，在糖分尚未达到最佳状态时就收割，那将毁掉一批龙舌兰。收获过早，味道苦涩；收获太晚，就会觉得像是在吃熟透烂掉的水果。

父传子

当合适的时机出现，农场主就会折弃植物花朵，此做法的目的是凝结植物中心的液体。整个过程需要一套完整的科学体系，只有少数几位农场主真正了解其内涵与传统，而这些方法都是由父亲传给儿子这样一代代传承下去的。种植龙舌兰的农场主家庭将他们的毕生心血都奉献给这项艺术，这样的传统已经沿袭了好几个世纪，是家传的手艺。农场主们甚至有属于他们自己的工具，叫作

coca de jima。这是一种长竿,在其尾部有一把小刀,其刀刃是平的。这种工具可以用来切除龙舌兰植物尖锐苦涩的叶子(pencas),留下甘甜的中心部分"凤梨"(pina)。

然后,就到了挑选龙舌兰植物的时候了。只有酸甜程度最佳的龙舌兰植物才会被选中。弗朗西斯科会调动他所有的感官和一切可以用到的科技来进行挑选工作。他小心翼翼地将所有收割好的龙舌兰植物中心部分切下,选取其中的一小块作为样品,逐个检验其质量,确保其糖分程度处于最佳状态。

我们一旦选取并修剪好最佳的龙舌兰植物"中心",就将它们送往酿酒厂。在那,植物"中心"被切割成四等份,然后统一放置进砖石炉中。就如同培恩在其网站上所宣传的那样,它们被分装进小桶,一桶桶缓慢地在炉内蒸够整整79个小时!一些其他品牌会选择使用大型工业炉,比如高压锅来煮龙舌兰植物中心,因为这样速度更快。但是,培恩始终坚持使用砖炉来慢慢烘焙。同样,和其他同类品牌不同的是,在加工前,培恩就将包在龙舌兰植物"中心"里的苦粒去除干净,可以使口感特别顺滑。并且,在整个烘焙过程中,特制的供煤机实时跟踪炉内的情况,确保温度稳定。龙舌兰植物"中心"煮得越循序渐进,越耐心,其口感越上乘,品质越出色。

从炉里取出时,蒸熟的"中心"部分会渗出甘甜的汁水,就像是阿芝特克人的传说女神马亚休(Mayahuel)被闪电击中后,流出的血液一样。待其柔软以后,我们会将这一块块甘甜的深棕色龙舌兰植物切成条状,然后放到不是特别深的传统石头地窖里去。在那里,它们被转动的碾石轮碾磨。其中,轮子的内部结构十分特别,叫作tahona。它是用坎特拉(cantera)石头做成的小型环状空间,而这些石头是从附近的山上采来的。碾磨后的产物最后经水稀释。该水取自天然独特的温泉深井,是培恩龙舌兰上乘口感的一大法宝。自从1989年,弗朗西斯科和马丁首次研发出培恩的配方以来,他始终用这种机械的搅拌机组合器tahona来处理龙舌兰植物。使用此方法的微妙口感可以用精巧而复杂来修饰,它能征服最挑剔的品酒家。

随后,龙舌兰植物所产生的汁水被放置在木制的发酵桶里72小时。发酵是将糖转化成酒精的过程,是一道微妙复杂的工序。有一家龙舌兰酒厂甚至在发酵室内播放古典音乐,希望这样可以起到一点帮助作用。据说,音乐的节奏可以促进生长,尽管这听起来更像是现在龙舌兰酒厂吸引游客的噱头。接下来,发酵完毕后的混合物会放到传统的铜制蒸馏壶中蒸馏两次。第一次蒸馏将产生一种酒精浓度较低的甘甜饮料。经过第二次蒸馏，其甜度降低，酒精含量也提高了。蒸馏完毕后，每一桶龙舌兰都会在弗朗西斯科持续严格的监督下，进行仔细的筛选与比较。

不断进化的工艺

因为一直使用这些古老方法，培恩不仅仅尊重传统，并且在酿酒过程中的每一步工艺都是为了维持马丁当初所发现并改良的优质培恩风味。从每一步工艺所花费的时间，到温度、机器和与龙舌兰植物相关的所有原料，每一个元素、每一个步骤都对味道产生至关重要的影响。

当然，在其发展过程中也有一些不断进化的工艺。培恩放弃了骡子去拉tahona，这一点已经不是什么行业秘密了。位于墨西哥的培恩原始工厂是现在唯一一家用骡子来拉石磨的工厂。尽管这个过时了的方法曾经很有用，舍弃此做法并不影响最终的口感。在发酵过程中，培恩做了一些改变，使得其口感出现了一些细微的差别，和原酒相比，口感似乎更好。龙舌兰植物原料仍然是从哈利斯科州不同的田地里收割的。结果是，这种做法也会使龙舌兰的口感出现一些细微差别，尽管在质量上和原酒差别不大。但是，一些最专业的龙舌兰迷可能会有所觉察。

马丁和弗朗西斯科第一次发现一些细微差别也会影响同一批龙舌兰口感的这一问题始于原家族建立第二家工厂之后。为了满足日益增加的订单量，原家族在原厂址附近建立了这家新工厂。新工厂将最先进的设备与弗朗西斯科的原始蒸馏技术相结合，并且，它依然采取驴拉石磨的方式和陈年酒桶，奇怪的是，新工厂并不能完全还原原厂的味道。

发展总是伴随着风险。你可以按照一种既定的方式壮大产业。但是，对于一个像培恩一样的高品质产品，总会出现一些难以控制的因素。但不管是马丁还是弗朗西斯科都不是轻易认输的人。为了解决这种差异，他们快速想出了一个办法，那就是将新厂酿造的酒和原厂酿造的酒进行混合。这最终通过了他们的味道测试，并将这一方法沿用多年。在不改变品牌真实性和一流质量的前提下，这些细微的调整已经足以证明，现代智慧可以与旧时代的工艺相结合。

龙舌兰酒依照酿造陈酿的时间可以区分为不同的种类。最常见的龙舌兰酒类型是白龙舌兰（Blanco）和银龙舌兰（Silver），这两者是未陈酿直接装瓶的酒款；金龙舌兰（Reposado）是指陈酿两个月以上的酒；而陈酿龙舌兰（Anejo）是指陈酿一年以上的酒。酒品会装在橡木桶中陈酿，这就给陈酿龙舌兰（Anejo）带来了琥珀色和烟熏味。现如今，培恩还有一些陈酿时间更长，并经过三次蒸馏的特优质龙舌兰酒，引得市场竞争者相继效仿。

从蒸馏到上架

一旦经过蒸馏、过滤、陈酿后，龙舌兰酒就在工厂被装瓶。用来吹制培恩酒瓶的炉子是专门打造的。由工厂所聘请的玻璃工匠通过一种传统的制作工艺测量并计算出制作一个酒瓶所需要的玻璃量。这种工艺由大师传授给自己的学徒。就像龙舌兰种植农场主将种植工艺世代相传一样，生产这些精美得像艺术品的器皿的技术也同样如此。每个瓶子都是独一无二的，由熟练掌握玻璃吹制工艺的工匠手工完成。为了符合培恩的环保政策，著名的培恩银酒、金酒和陈酿酒的酒瓶都是由可再生玻璃烧制而成的。

每个龙舌兰酒酒瓶在注满酒之前都要经过一道特别工序——单独在龙舌兰酒中进行清洗。这就为其盛装培恩酒创造了合适的条件，确保玻璃瓶内没有任何会污染酒品的杂质和残渣。从品牌诞生初始，每个酒瓶都被设计为一件艺术品，用来盛装世界上最好的龙舌兰酒。工人们手工为酒瓶编码，贴上独特的标签，系上丝带，擦拭干净酒瓶外层的尘埃，最后将产品用纸包好装盒，递送给世界各地的龙舌兰酒爱好者品尝。尽管包装并不会影响品质，但细节之美却可以提升顾客饮用培恩酒的独特体验。这也是酒品由内而外在时间、关爱和精细程度等方面的体现。

从龙舌兰田地的一粒种子到最后有着精美包装的超优质瓶装龙舌兰酒，培恩酒品的这段旅程需要经历十多年的时间。除了龙舌兰的成熟期，生产和制造龙舌兰酒还需要两到三年的时间。如果一种酒品能被称为龙舌兰酒，那其成分中的发酵糖至少要保证有51%必须来自龙舌兰植物，否则它就不得被冠以龙舌兰酒的名称。而培恩龙舌兰酒使用的是100%的龙舌兰植物，这在当时的美国市场上还是第一家。

银酒标准

生产一个伟大酒品的所有努力都将体现在那第一口品尝当中。在所有品牌之中,培恩第一个使其口感柔滑的银酒销量超过了金酒。这种口感在其他常见的白龙舌兰酒中很少见,这是一种混合了龙舌兰植物的强烈风味、柑橘类草药的特征和轻微泥土芳香的口感。这就是日本人所强调的"鲜味"——一种可与蘑菇相媲美的可口鲜美。培恩银酒以其最纯粹的口感,给顾客带来惊喜,初尝的爽口掩盖了其微妙复杂的口感。

就我个人而言,我最喜欢银酒,当然每个人都有自己的个人口感喜好。金酒在银酒顺滑口感的基础上增加了一丝轻微的烟熏感,或者说是辛辣味,而银酒在如陈酿酒黄油般顺滑的口感中透露着一丝橡木的香气。

就像其他著名的葡萄酒、麦芽酒或者白兰地一样,每一款培恩酒都有自己独特的口感。口感的变化取决于烘焙、发酵、蒸馏的方式,也与陈酿时间、环境、温度、土壤类型和生产设备息息相关。当然我们不能遗漏另一个最主要的决定性因素——人。

贵 族

我必须首先提及一个人——弗朗西斯科·阿尔卡拉斯——他是培恩品牌成功的最基本要素,一个完美高贵的绅士,培恩的完美鉴赏家。他在整个生产过程中时刻关注着酒品的口感、气味等,直到这批酒中的最后一瓶被密封包装才满意。这些年培恩生产了成千上万批次的酒品,他都能对口感记忆深刻。没有任何借口,他从不使用任何一个特殊的龙舌兰酒玻璃杯,因为他担心把如此酒香四溢之珍品盛入水晶瓶中并用鼻子嗅过之后,就更没法客观评价这种美味了。

"如果出现什么问题,我得亲自尝尝才知道。"他说。

观察弗朗西斯科品酒就像观察一名真正的艺术家在工作。他首先仔细研究酒瓶中的酒品,从中心凝视来确定其颜色,轻轻晃动龙舌兰酒,看它在瓶中的挂壁情况。如同其他品酒师一样,在打开酒瓶之前要把酒摇晃一下,然后浅尝一口,含在嘴里差不多一分钟的时间,体会酒品活跃在其舌尖上的特征。但弗朗西斯科不同于其他葡萄酒品酒师之处在于,在制作龙舌兰酒的领域他是独一无二的。

马丁与这个传统的西班牙人一见如故。当马丁和约翰·保罗闲谈墨西哥贵族饮用何种龙舌兰酒品时,他们从没料到会在遥远的哈利斯科州群山中遇到一个真正的贵族。像马丁一样,弗朗西斯科这个鉴赏家对生活中最美好的事物也有着敏锐的洞察力。在许多方面,他们俩就是灵魂上的兄弟。尽管马丁喜欢夸夸其谈,相较于一旁弗朗西斯科安静而温柔的举止而言他比较粗犷,但是他们对彼此都非常的尊重。

弗朗西斯科将他重要的专业技能带入培恩产业。他是一名训练有素的科学家,一直站在墨西哥龙舌兰产业现代化与标准化改革的前沿。1968年,他被墨西哥政府工商部长任命为第一个龙舌兰酒检验师。他的工作是密切监测墨西哥的酿酒厂,确保每个工厂所生产的龙舌兰酒符合国家规定的原料最低含量标准,并严格按照要求生产。事实上,弗朗西斯科对每一个酒厂都设立了严苛的标准。

1982年,他成为一个独立顾问以及产业服务技术学院(CBITIS, The Centro de Bachillerato Tecnologico Industrial y de Servicios)的教授。这是一个全国连锁的技术学院,为学生获得专业水平认证提供学历教育。换句话说,他正在培养着下一代的工业检验师。之后他被聘请为墨西哥保乐力加酒厂的设计师。大约在1989年,他又被吸引到培恩最初的原酒厂做专职顾问。

多年来,弗朗西斯科见证着龙舌兰酒产业的成长,面对美国消费者狂热的追求始终心静如止水。相对近期出现的调酒术,也就是调酒师精心混合各种奇异的酒品成分来制作完美鸡尾酒,弗朗西斯科认为此举完全多余,因为他认为培恩本身就已近乎完美。

"我们在墨西哥喝龙舌兰酒时,感觉就跟我年轻时一样。"他援引在接受《休斯敦新闻报》采访时所说的,"我们就这样直接喝,用到食盐和酸橙,之后再来点桑格利亚果汁汽酒。"

在墨西哥,龙舌兰酒是朋友集会庆祝时或观看足球比赛时喝的。正如在许多文化中,当客人进入主人家时主人会立即为他们提供一杯茶一样,龙舌兰酒也会出现在墨西哥中产阶级和上流社会的家庭待客场景中。它通常搭配的小吃是坚果或奶酪。优质龙舌兰酒几乎从不混合饮用,其纯正味道不应该被过甜的混合滋味所掩盖,而是应该使用一些互为补充的成分改良口感。当我们招待我们亲爱的朋友弗朗西斯科时，他不止一次地对马丁将培恩酒创意使用在食物和鸡尾酒上表示不屑。但开过这些善意的玩笑之后，他对马丁的新发明也表示出欣赏和惊叹。

与马丁一样，弗朗西斯科身体也不太好。有一次，当弗朗西斯科与我们出差住在安圭拉岛时，他就被紧急送往医院。几个小时以前，马丁已经因为心律失常被带到该医院的另一个急诊室。我就在两个房间之间来回奔波，害怕我心爱的这两个男人危在旦夕，他们彼此还都不知道对方病了。弗朗西斯科不想让马丁心烦，反之亦然，所以我不能对他们中的任何一个说出真相。令人高兴的是，弗朗西斯科现在依然健康矍铄。尽管如果他选择离开，他的艺术也将后继有人，但我无法想象他会选择退休，他太爱培恩了。

营销专家

在培恩，并非每个人都在生产过程中起着实际的作用。我们的培恩家族为这个品牌带来了某种无形的品牌精神，使其不仅在外部包装或者是内在品质中都显得尤为特别。约翰·保罗就是这种品牌精神的核心部分。

马丁在建立一个品牌的过程中不可能找到一个更完美的合作伙伴了，因为约翰·保罗有过类似的经验。通过约翰·保罗-米切尔系统公司(John Paul Mitchell Systems)，他明白如何在其他人都心存质疑时建立一个消费者品牌。和马丁一样，他也来自一个破碎的家庭，从一无所有，逐渐积累起自己的财富。他家里没有钱，也没有任何能帮助他的关系。

约翰·保罗出生在一个贫困的环境，不得不努力工作谋生。他的父母是来自于意大利和希腊的移民，从小周转于洛杉矶各处，其中很多地方都充斥着犯罪和暴力的街头帮派。在他小时候，为了补贴家用，他和他的兄弟会在早上3：00起床叠报纸、送报纸。直到有一段时间，大约一年半左右，他的单身母亲无力承担抚养两个孩子的重负，于是将他们平日送去寄养，只在周末回家。

经过在美国海军的短暂服役，约翰·保罗又过回了平民生活，作为一个普通的离婚单身父亲，继续为生存而挣扎。为了他自己和儿子的生计，他做过各式他能找到的零工，推销百科全书、影印机、人寿保险等。有几次他发现自己无家可归，只能睡在自己车里。但他对这些年的风风雨雨未曾感到任何遗憾。走街串巷帮助他成为出色的推销员,赋予他坚持的力量。没有什么比无数次吃闭门羹更能挫败人的自信心,到最后,约翰·保罗有能力游说任何人给他一次机会。他浑身散发着魅力。他有办法能让任何与他说话的人感觉自己是这房间里最重要的人。

不久之后,约翰·保罗就挤进了《时代》杂志的营销部门,并很快从一个初级职位升职到洛杉矶地区发行主管。之后,他以每月 600 美元的薪水跳槽到世界顶级专业护发品牌列德肯(Redken)实验室。18 个月后,他负责学院和沙龙两个销售部门,并成功大幅提高了收入。在此过程中,他与顶级发型师保罗·米切尔(Paul Mitchell)结下了友谊。1980 年,获得一笔 700 美元的贷款之后,他们共同建立了约翰·保罗—米切尔系统公司。

两人一起创造出一个迎合发型师的全新市场。在同类产品中,他们生产出第一个不需要进行动物实验验证的产品,这也符合约翰·保罗的环保理念。为了消除产品在市场上的质疑,约翰·保罗又开始四处探访,而这次是美容沙龙。他提出一个承诺,即提供免费的演示,并保证回收所有未售出的产品。他保证销售量,而这在此行业是前所未闻的。这是一场斗争。在最初的几个月里,约翰·保罗和他的伙伴几乎无法负担到全国各地进行推广活动的账单。约翰·保罗再次睡在了他的车上。但在短短几年后,他们就把公司打造成价值数亿美元的业务。

在最初几年,约翰·保罗以其美发护理业务而出名。通常,当我们一起旅行时,即使是在那些不起眼的地方,像安圭拉岛和古巴,人们也会指着他说:"保罗·米切尔,保罗·米切尔! 他们以为那就是他的名字。他不仅是一名国际公认的慈善家和环保活动家,他已经在更广泛的领域建立并投资了许多其他成功的业务。他有能力找到那些没有人看好的机会,他的坚韧和对所有事业的激情投入都令他成为一名非凡的商人。约翰·保罗喜欢这样说:"成功者和失败者之间的区别是成功的人做了很多不成功的人不想做的事情。"

从很多方面,马丁和约翰·保罗都很相似。虽然他们个性不同,马丁粗犷,约翰·保罗温和。当他们在 1989 年第一次走进彼此的生活时,约翰·保罗在马丁身上看到了自己曾经的艰难困苦。他们一个共同的朋友杰克·马奥尼(Jack Mahoney)介绍其相识。杰克带马丁去参加约翰·保罗在比弗利山庄的一个晚宴。那时,约翰·保罗正在筹划为其马利布房产进行装修的事宜。马丁把他的商业计划书拿给约翰·保罗看，希望为其做进出口生意的建筑材料营销公司寻找到一名投资者。合作中有一项条款，约翰·保罗可以从建筑材料营销公司所采购到的原材料中按成本加10％的价格选择任何他所需要的材料去建造其马利布的新家。约翰·保罗当时的储蓄已经足够完成这次投资，所以这不能算什么冒险。他俩一拍即合，成为平等的合作伙伴。建筑材料营销公司正式成立了。

远见卓识之人

马丁是个天生的企业家。他总是灵光突现，可以不顾旁人的眼光把自己很多的奇思怪想变为现实。他几乎没有接受过正式的教育和培训。但他似乎能够做成任何他想要做的事情。他全靠自学，是个天才。

他来自加利福尼亚中部的一个平凡小镇，是他们家三个孩子中的老大。他父亲在他十几岁的时候抛弃了他们。他母亲咬着牙独自一人扛起了整个家庭。马丁17岁的时候就迫不及待地想要出门去赚钱。到他22岁的时候，他已经赚到了其人生中的第一个百万美元。

他成年后的大部分时间都沉浸在奢侈的生活和天马行空的梦想中。他参加游艇比赛，喜欢收集赛马、高档汽车、艺术品和美酒。他对所有美好的事物都有着敏锐的鉴赏力，他喜欢被美所包围。尽管这个出生在20世纪60年代的孩子，从未缺少满足其无厘头怪念头的机会，但马丁首先是一名渴望成功的商人。

他有能够辨识大众需求的特殊本领，然后可以把它转变为一个人人获利的机会。他从事什么领域并不重要，当他年轻时，当时还是一名东加勒比和平队队员，他很快就注意到当地村民们要花费很大一笔钱去进口鸡肉。不久之后，他就把当地居民聚集起来，教他们如何养鸡，组织消费合作社，帮助新兴附属企业，使他们实现自给自足。当地于是出现了许多微型企业，这个贫困地区的生活水平提高了。不管他是在纳帕运营酿酒厂，还是在卡梅尔建造自己的房子，他从来都不怕冒险，害怕不能成为阻碍他前进的因素。他知道怎么把事情办成。这些对他来说只是个挑战，最令人兴奋的事是找到创意的解决办法。用马丁的话来说，重要的不是是否去做，而是怎样去做。

我遇到马丁的时候是在他发现培恩酒的前几个月。他损失了800万美元。他曾在建筑、采购以及房产、酒店、餐厅、酒厂的交易中建立过一个小帝国。但这些都在他利用其财产进行举债经营而过分扩张时毁于一旦。他被轻松打败后才认识到生活中有许多东西是用钱买不到的。对我们来说,这个时机刚刚好。我们是命中注定要相遇的。

亲密伴侣

我出生并成长在南非约翰内斯堡外的一个小镇。在那里我过着安逸的生活。我在学校表现优异,还参加各种舞蹈比赛,被我爸妈宠溺着长大。我爸妈是奥斯维辛集中营的幸存者。在我18岁时,他们在不到三个月的时间里相继去世了:妈妈死于脑瘤,之后爸爸死于心脏病。现在回想起来,我想爸爸是失去了生活的信念才撑不下去了。

我生活在悲伤与麻木之中,后来在姐姐莎伦和姐夫伦恩的帮助下,我接手经营妈妈的女士服装店。二十几岁的日子是我生命中的污点:我结婚了,然后又离婚,关了服装店,在伦恩的服装制造厂工作,再后来我给约翰里斯堡一个唱片公司的老板做私人助理和行政秘书。我让自己变得忙碌起来,这样就没空想别的,我想我已经适应了没有父母的生活了。伦恩和莎伦打算带着他们两个小儿子移民到美国。即使我能理解他们为什么要离开,但我还是很伤心。在南非这种有种族隔离政策的地方,他们感觉前途暗淡,但他们是我唯一的亲人了,我们非常亲密,我深爱着他们。

带着这种被抛弃的心情,我两年来到处旅游。大部分时间我都住在伦敦,然后在欧洲四处冒险。当然,我也去过洛杉矶看望姐姐一家,在那待了几个月。经历这一切,我再回到南非,感觉已大不相同,我觉得自己变了,不可能再继续住在那里了。

我在唱片公司工作时认识了各式各样的人:黑人、印第安人还有白人,我们不顾政府的种族隔离政策,还是在私下里一起吃饭一起玩。我对政治不感兴趣,但制度化的种族歧视主义深深困扰着我,我觉得约翰里斯堡小得令人窒息。是时候离开这里投入加利福尼亚的家庭怀抱了。

我只带着200美元和一个小行李箱就来到了美国。在肯尼迪机场发生了戏剧化的一幕,在办登记手续时我无缘无故被拉出移民队伍,还差点被遣送回南非,在这之后我的生活慢慢步入正轨。为了得到绿卡而能留在美国,我很快在洛杉矶找到一份工作，那是著名的公关经纪公司诺曼·温特(Norman Winter)。公司的合作对象有哥伦比亚广播公司(CBS)、索尼(Sony)、明尼苏达矿务及制造业公司(3M)、迈克尔·杰克逊(Michael Jackson)还有艾尔顿·约翰(Elton John)。为了绿卡，即使周薪只有少得可怜的120美元，我仍卖力工作，长时间加班，竭尽全力保持公司的正常运营，用实际行动来回报公司。而公司代理人则邀请我进入了这个以毒品、聚会和名人为代表的颓废世界。刚开始我很害羞，某种程度上是因为我是在一个没有电视的环境中受着保护长大的。我不为名利，却突然被卷入迪斯科时代好莱坞的生活漩涡。那时，可卡因和安眠酮像便利贴一样在办公室里到处分发。

一想到每天都在办公室数日子我就无比烦恼，所以当那时已经开创办公用品零售商店的伦恩给我成为一名销售代表的机会时，我欣喜若狂。我的工资就是佣金，我太渴望这种自由的生活了。我开始到各个场所进行游说，包括各式办公室、律师事务所、电影工作室，只要我能通过的大门或前台，我都不放过。我很快就意识到，在美国，一切都变得更大了，尤其是机会。钱越积越多，就像电话号码一样。几个月下来，我建立了业务网络，与福克斯制片厂和地区其他主要客户建立了关系。

不久之后，办公用品的销售业务就完全上了轨道。我有了大把大把的空闲时间。由于在数字方面的天赋，我需要另外一个挑战。当我的一个女性朋友建议我加入她的财务咨询公司时，我毫不犹豫地考取了资格证，建立了一个为教师提供退休基金投资咨询的业务。几年内，我的客户数量就超过了700个，年收入超过25万美元。在我35岁左右时，我已经能够生活得很舒适惬意了。

但生活中总会有些不圆满。我的恋情似乎从来没有维持超过三年的，每一次感情上的失败都让我的自尊掉进更深的漩涡中。最近一次关系的彻底失败，让我意识到我必须好好反思一下。我突然意识到在父母去世后我的感情太过压抑，以至于从那以后我都不知道我的感觉是什么。我只是从一段感情迅速跳到另一段感情中，不给自己悲伤的机会。因此，我将感情生活建立在这些裂隙之上。十年后当我回到南非，来到父母坟墓前拜祭时，我从未哭得那么伤心。

化学反应的浪漫

之前所发生的每件事都似乎在准备着我与马丁的相遇。差不多一年时间我的生活中没有一个男人。朋友们都开始担心。其中有一个尤其如此,这个人是潘姆·欧瑞斯丁(Pam Orenstein),她一定要帮助我摆脱这种隐居的生活,于是邀请我去她家参加一个小型品酒会。她为我准备了一个惊喜:她经常向我说起的一个有着奢靡生活的男人也会去。尽管我从未见过他,我就已经决定他不是我所喜欢的类型。因为只有当一个人自己沉溺其中时,奢靡才是美好的。

但我的偏见却不是一个有效的防守,我完全没有机会。当马丁走进房间时,想不注意到他都难。他很高,胸肌发达,虽然穿着打扮一般,却有一头长而蓬松的黑发和一双明亮的棕色眼睛,给人印象深刻,让人着迷。他长得像爱尔兰版的基恩·西蒙(Gene Simmons),再加上漂亮的头发,这完全是吸引我的男士类型。马丁与我四目相对,径直朝我走来,就像一枚红外追踪导弹一样。这种吸引是瞬间的,但不是身体层面的,而是精神层面的。自我们开始口头激辩的瞬间,我们就像是被电击了一样,称它为打情骂俏,都是一种过于含蓄的描述。之后,我们一起回家,开始了13年的爱情长跑。

马丁开启了连我自己都不了解的另一面,他使我触及我的创造力。他鼓励我,给我勇气,使我将这种创造力带到更远的未来。但意义远非如此。我们已经缔结了一生一世的融合。这是一种真正意义上的"整体大于局部之和"。我柔和了马丁的锋芒,而他也成为我最热情的粉丝,帮助我重建自尊,使我感觉到一切皆有可能。无论我们是在恋爱中,还是在发展业务中,我们在一起远远胜过于分开。

阴与阳

从个人来说,我俩都远非完美之人。但是我们彼此都在很多方面使对方变得更好。即使是我们最差的特质都能融合互补,我们作为一个整体则愈加紧密强大。最近,为了更好去了解我们完美契合的性格差异,我写了一个清单,里面罗列了我俩的不同特质。

我为自己写到的是"想要去取悦、害羞、聪明、可信、事业上受尊敬、有组织性、有技巧的营销专家、有能力、可信赖、遵纪守法、诚实、乐于助人、充满爱的",而我为马丁罗列的是"有趣、有说服力的、傲慢的、肆无忌惮的、专注自身的、外表坚韧的、言过其实的、充满爱的、关怀体贴的、热心援助的、对人和蔼的、令人鼓舞的、想象力丰富的、有卓越才能的企业家和设计师"。对于作为整体的我俩,我想到的是"协作的、互补的、有感染力的、宽容的、有趣的、极其善于社交的、彻底完全地交织于一起,彼此不能相互区分的、深爱的、两性关系开放的"。至少可以这样说,这是一大批互相矛盾的辞藻。

从某种意义上,培恩象征着我们关系中最好的一面。我们彼此都拥有一些独特的性格,把我们放到一起就产生了魔力。多年后,我们的朋友卡罗琳·劳(Caroline Law)简洁地总结了我俩特殊的融合过程,将其描述为一种"化学反应的浪漫鸡尾酒"。这是对我们整体的准确描述:一些令人陶醉却具有潜在爆炸性的元素,本不应被放置在一起,却阴差阳错地结合,并且产生出美妙的反应。

"伊拉娜,我一直都知道,马丁会成功,是你让这一切变成了现实。你温暖了他,并使他变得更加可信。"她说。

作为一对夫妻,我们尽情享受生活。我们不拘细节,都喜欢放纵,也经常挑战传统,我们对彼此保持着精神上的忠诚和完全的信任。

我爱慕马丁,尽管也有可能是因为他的这些缺陷和矛盾。他就像印度教毁灭之神湿婆(Shiva):将阴与阳集于一身,兼具充满活力的生命创造力和毁灭力。在工作上他积极进取,在爱情上他像女人一样温柔体贴。这个男人是一个活着的、呼吸着的矛盾体,精神敏感,雄心勃勃。他是一个努力工作的实干家,也是我所见过的最敏感的浪漫搭档。

他对待我的方式极其温柔。除了我们最亲密的朋友圈,没人会相信他能毫无理由地在我们的枕边留下爱情笔记和玫瑰。有很多次,当我们开车经过一片田野时,他会开到路边停下,跳下车去给我采摘一些映入眼帘的野花。我一直珍藏着很多本书,里面压满了他这些年送我的花。

我们一直找寻各种借口来庆祝我们的生活,但我们最大的节日非情人节莫属。在这段关系之初,在培恩品牌进入我们的生活之前,当时我也能赚到足够的钱,我绞尽脑汁去想一些主意来纪念这个看起来专属于我们的节日。我本来想雇一架飞机,在天上留下"我爱你,马丁"的信息,但是价格太高了。我还搜寻了浪漫的加勒比海度假,但这同样也超出了我的预算。最终,我决定去比弗利山庄的一家精品酒店预订一个套间来度过此晚。在上班时间,我打电话给马丁,告诉他晚上的安排:"不准问任何问题,你只要人到场,下班后18:00准时到这个地方。"

第三章
味道测试

　　我下班后赶回家中，带上我最性感的内衣，朝酒店奔去，我要去装饰套房并创造浪漫情调。但是马丁早就已经到那了。当我走进房间时，他就在里面，伴着诱人的音乐，玫瑰花瓣铺满了床，香槟酒已经入杯，酒杯边缘还有草莓，按摩浴缸中充满泡沫，最让我惊喜的是我们的朋友按摩师琳达·布鲁姆（Linda Blom）已经准备好一张按摩台和芳香四溢的按摩油。

　　我们之间的化学反应是显而易见的。当我们在饭店享受一顿美食时，一对不相识的夫妻朝我们走来并说道："不好意思打扰一下，我们只是想说，我们已经被你们所吸引，很显然，你俩是很赞的一对。"这种情况不止发生过一次了。

　　我们对彼此的宽容和激情包罗万象。我们的朋友和熟人也分享了我们的快乐生活，并欣赏我们的慷慨。马丁大度，享受创造，认为为朋友做些特别的事是一种乐趣。他在整件事的各个细节上所付出的努力、投入的精力和注意力都源于他对过程的享受。有一次，他为朋友的盛大婚礼提供了很多箱培恩酒，需要从全国各地调运过来。马丁还带来成百上千个玻璃杯，精密筹备好酒品的呈现方式。当客人们进入接待大厅时，服务员会用盛有培恩龙舌兰酒的磨砂杯来招待他们，而这个杯子就是专属于他们自己的，整个晚上都用它来续杯。这成为当晚每个人都津津乐道的话题，也成为人们对当晚最记忆犹新的快乐。

　　在培恩还只是一个想法之前，我们彼此就充满着活力和热情，从一开始就迷恋着对方。这些都点燃并推动了一段不曾消逝的非凡浪漫。事实上，我们相处的时间越长，浪漫感受就越强烈。在许多年里，我们一直保持着从未减少的激情。在某种程度上，我们相互扶持，相互依靠，共同成长。这对我们二人来说都不是什么难事。

　　在我们相处的13年中，有12年之久马丁和我都在共同分享着生命的每个时刻。我们知道怎样去爱，怎样被爱，我们一起成长，真正为了彼此的幸福而活。我们做过的每件事都是充满诱惑力的，我们每天的生活都给人性感与美的享受。自始至终我们都为让对方感到愉悦而使生活充满魔力、自然与令人激动的瞬间。我们有能力让最简单的休闲时光变得不同寻常，也从未丧失对新事物的好奇。我们这种罕见而活跃的快乐关系造就了培恩的品牌，我们对生活的热情和渴望已经全部融入我们所做的每一件事情当中。我们的生活就是培恩的写照，反之亦然，所以培恩能成为这样一个诱人的品牌不足为奇。

　　使某事成功不仅需要内在因素，还需要完美的时机。马丁那时正好需要一个亲密的伙伴,而我也渴望能够拥抱一个人的梦想,将它变为现实。对我们所有人来说都是这样的。无论是爱人、朋友或者单纯的商业伙伴,我们都对他人的优点怀有深深的敬意。一段真正的伙伴关系能够彰显出那些还不错的事业与那些获得巨大成功的事业之间的区别。培恩品牌的重要成员:弗朗西斯科、马丁、约翰·保罗和我,当然还有那些接触过我们酒品的所有人。我们在某个时间点上的相聚促成了培恩这个品牌的形成。我们在完美的时刻完美地融合在一起。

品牌还有另外一个核心成员使之焕发魔力:那就是"爱"。

第二部分 品牌建设

第四章　好莱坞明星

一个周六的晚上,当约翰·保罗·德约里尔和埃洛伊丝·德约里尔正在他们位于马利布的新家放松时,意外地接到了他们一个好友的电话。

"明天你和埃洛伊丝有什么安排吗?"他问。

"没什么事,克林特,怎么了?"

"那就来我的电影首映礼吧!我给你们留了两张票,还有一个惊喜。等你们啊!"

约翰·保罗感谢了对方,并如约出现在首映礼上。但是,克林特·伊斯特伍德(Clint Eastwoood)并不在那里。约翰·保罗和埃洛伊丝找到了他们的座位,除了绝佳的视野、免费的爆米花和苏打水,他们对于克林特在电话中所说的惊喜仍然毫无头绪。这部电影的名字叫《火线狙击》,讲述的是一个特工的故事,并且这个角色从头到尾只喝培恩龙舌兰酒。电影中最错综复杂的一个情节是,当克林特扮演的角色在电话里和恐怖分子谈判时,镜头给了培恩一个特写,持续了大约一分钟。

大概几个月之前,约翰·保罗寄给克林特一箱培恩酒。由于克林特是我们产品的疯狂粉丝,所以约翰·保罗觉得这箱酒可能是他留给自己享用的。品牌商家非常希望自家的产品可以得到名人们在采访中的提及或是红毯上的免费宣传。但是,克林特从不滥用朋友们的慷慨。他是守旧派的绅士,并且,为了表达他的欣赏，他有了这个更为宏大的计划，即电影里的特写镜头。绝大多数品牌需要对这样的广告植入支付一大笔钱，但对他来说，这只是份礼物。

几年以后，克林特接受了《花花公子》杂志的采访，当他们问起他酒品的选择时，他是这样回答的："当然只有品质上乘的红酒和培恩龙舌兰。"

你不可能买到比这更好的广告了。

佼佼者

我们并不需要这么做。在20世纪90年代早期，广告植入对于烈酒公司来说并不是什么新鲜事，但是却很少见。品牌至少需要花费6位数字的金钱来购买银幕上的一个小小镜头画面。但对于培恩来说却不是这样一回事。因上乘口感而在行业中闻名以及刻意制定的高价策略，好莱坞的红毯秀向我们伸出了橄榄枝。由于市场的青睐，喜欢培恩的明星们会在事先征得马丁允许的前提下，让培恩出现在他们的电影镜头中，甚至直接提及品牌名称。而这一切我们无需花费一分钱。

同样，我们从不邀请明星来代言培恩。从一开始，培恩就像是明星，而好莱坞的众多大牌就像其狂热追求者。培恩的总部位于加利福尼亚州南部，电影和娱乐产业会成为其强大的顾客群是一件水到渠成的事情，大众们理所当然的会因为看到这些相当于皇室地位的美国明星们小酌并享受培恩而将其看作是高质量生活的象征。每个人都想跟随潮流，紧跟时代步伐，因为名人们知道什么才是最好的。但是，为了进入这个显贵的圈子，品牌不能做得过火。由于逐步得到好莱坞鉴赏家们的认可，培恩自然而然地成为其酒品的不二之选。酒瓶及其纯正干爽的独特口感是其通向名利的闪亮王牌。

我们十分努力地打造自身形象。进入洛杉矶重要人物的圈子是事先计划好的，因为当时这片土地上的法律严禁烈酒公司在电视上做广告。这使得我们公司不得不另辟蹊径来提高品牌曝光率和知名度，比如让品牌出现在电影镜头里。我们不得不利用一切可以利用的关系来打通人脉，让培恩出现在每一个好莱坞的重要场合中，从奥斯卡颁奖典礼舞会到格莱美奖和金球奖上的派对都可以看到培恩的身影。就在短短的两年时间里，从马丁发现位于哈利斯科州遥远山坡上的龙舌兰酒厂到创办培恩，我们的品牌已经成为花花公子豪宅派对、电影节以及各类颁奖典礼上的座上宾,是电影和电视中出现最多的一款龙舌兰。就连摇滚巨星杰里·加西亚(Jerry Garcia)和布鲁斯·斯普林斯汀(Bruce Springsteen)也在他们的合同中明确说明,当他们巡回演出时,后台必须提供培恩龙舌兰。

这一切都始于约翰·保罗,是他将培恩一次又一次地带去他和埃洛伊丝受邀的各式好莱坞活动、派对和晚宴上。他逐个邀请名流们品尝倒在水晶杯中的龙舌兰,每次他都会得到同样的反应:"太不可思议了!"这一近距离的个人推荐在不知不觉中帮助培恩进入了名流们的视野。但是,准确地说,培恩这颗新星却是在具有传奇色彩的斯帕戈餐厅午宴后冉冉升起的。整个城市都在谈论我们的冒险举措,并且相信培恩是佼佼者中的佼佼者这一毋庸置疑的事实。

我们必须要知道谁是真正的口碑缔造者,并聪明地利用他们。仔细思考谁是你可以接触到的人物,并且能够完美地运用其影响力来推广自己的品牌,不管这些人是朋友、媒体人还是产品评论人。在消费品行业,时尚品牌代表的意见对大众市场影响巨大。在消费品行业中,能够得到时尚人士和行业先锋的口口相传是将产品推向大众市场的一颗定心丸。但是,永远不要用力过猛。你希望的是市场来追逐你的品牌步伐,而不是倒过来。

难以获得

最初,营造培恩大受欢迎的局面有两个因素:稀缺性和价格。早年,47美元一瓶的龙舌兰,其定价已和质量上乘的香槟酒不相上下。它向大众传递出一个信息:能够享用到培恩龙舌兰是一种奢华。由于我们当时尚未开始广泛营销,以及一直出现的生产问题,我们的产品供不应求。所以,当时人们几乎很难在货架上找到培恩的身影。结果,我们出色的产品——以霓虹绿或芒果色丝带围绕着的独特瓶身,浮花雕刻金银商标的培恩,在进入各大市场时都畅通无阻。毕竟,追求稀少且美丽的东西是人们的天性,不管你是不是一个大人物。

当时所发生的每件事都对培恩的宣传和曝光有着推动作用。约翰·保罗带着培恩的产品出入他主要的生意场合——约翰·保罗-米切尔公司。不用花一分钱,我们的产品可以在约翰·保罗-米切尔公司赞助的许多慈善活动中亮相,从电视播送的高尔夫明星慈善赛到大大小小的国内外美发行业活动。在当时的业内同类竞争对手里,几乎没有哪家可以和培恩的这些资源相媲美。即使产品斥巨资赞助了某一活动，换来的也只是提供免费饮料的身份。而且，在当时的政治背景下，可以让烈酒公司选择的赞助项目也寥寥无几。

顺风车

有一次，我们受到约翰·保罗—米切尔公司的邀请，去帮他们的活动搭造一个鸡尾酒酒吧，招待公司所有设计师和员工。那次活动网罗了国内上百位热情的品牌代表。这简直就是营销天才，除了调酒师，还有谁能比发型师们更适合影响并俘获一大群潜在消费者呢？

作为产品推广的标准模式，约翰·保罗会邀请国内名流们来参加名人体育活动，包括排球锦标赛、高尔夫比赛、滑冰、曲棍球以及喷气式滑雪板比赛等。这些活动是免费向名人们开放的。约翰·保罗—米切尔公司会赞助全程的活动，包括由厨师长准备的晚餐、派对以及一周的娱乐活动。在活动的高潮，主办方将会举行拍卖会来为约翰·保罗的慈善事业筹集善款。你总可以在这些活动中见到培恩的身影。大部分活动都会被录像，然后售卖给有线电视台，这大大增加了参加活动企业的曝光率。约翰·保罗的许多朋友都是这些活动的常客，其中包括凯文·科斯特纳（Kevin Costner）、米克·弗利特伍德（Mick Fleetwood）、皮尔斯·布鲁斯南（Pierce Brosnan）、西恩·潘（Sean Penn）、丹尼斯·霍珀（Dennis Hopper）以及彼得·方达（Peter Fonda），还有许多我叫不出名字的人物。他们都是派对的狂热爱好者。彼得和约翰·保罗现在仍然是一起骑自行车的好兄弟。约翰·保罗是哈雷戴维森的狂热粉，经常骑着这辆有培恩标志并且由培恩提供燃料的摩托车和这位逍遥骑士朋友一同出行。

我们有一个名人活动是在波多黎各为克里斯托弗·里夫（Christopher Reeve）基金会所举办的。克里斯托弗·里夫为其慈善机构努力工作着，尽管面临着不可想象的身体挑战，他仍保持高昂的斗志。只有在晚餐和基金募捐活动中我们才能看见克里斯托弗的身影，他大部分的时间都在旅馆房间接受着高强度的身体治疗。如果不带着护士、职业理疗家和助理们，我们认为理所应当的活动他都无法完成，更不用说出门去什么地方了。很显然，他不喝培恩酒，但是他有一个值得信赖的老朋友，罗宾·威廉姆斯（Robin Williams），这次陪他一起参加活动。他超喜欢喝培恩酒。

他们是一对很古怪的人,和你在电视上看到的一样,罗宾是个荒诞疯狂的人,有趣一分钟,之后一直说一直说,有时会使气氛变得很沉闷,所以一般人都躲着他。你有时随意说的什么,就会被罗宾拿过去到处宣传。然而他对克里斯托弗是真的好,总能让他微笑。自很久以前克里斯托弗意外坠马事故之后,他们就成为很好的伙伴。你能够感觉到他们之间的爱。罗宾对于朋友的温柔感人肺腑。

在很多时候,我依然是那个南非女孩,在一个没有电视机的环境下长大。我经常搞不清楚和我说话的那些明星是谁,直到后来有人告诉我,我才得知。但是我很享受那种专属的高级环境,好像那就是我们要到达的境界。我们与那些知名人士面对面交流,和有些人一见如故,而他们也成为我们晚餐派对和庆祝会上的常客。

马丁跟詹姆士·柯本(James Coburn)关系尤其好,他俩都对东方神秘主义感兴趣。我也有我自己最喜欢的。由于我在南非时接触的是音乐产业,也在诺曼·温特公司工作过一阵子,作为一个摇滚女孩,我年轻时最喜欢的是布鲁斯·斯普林斯汀的E大街乐队的萨克斯手克拉伦斯·克莱蒙斯(Clarence Clemons)。我们在纽约小意大利的一家餐厅偶遇,当时我们都等着使用洗手间。马丁和我是与好友约翰·卡普拉(John Capra)一起去的,他认识这家餐厅的主人,我们当时正玩得起劲。克拉伦斯径直走向我,说:"您就是那位培恩女士吗?那是我最喜欢的饮品。"我简直不敢相信那就是他。"你是克拉伦斯·克莱蒙斯,是吗?"我尖叫道。他跟我们同坐一桌,然后我们就包场了。克拉伦斯、马丁和我很快成为朋友。他甚至还飞来庆祝我45岁的生日,并在派对上用萨克斯为我演奏了一首小夜曲。

尽管我们获得了这些稀有而特殊的友谊,我们却并非是因为喜欢而投入到好莱坞的世界中。跟这些吸引人的角色一起打排球和滑雪虽然很有趣,但我们更感兴趣的是这些活动和派对所带来的最后结果:曝光率。当电视和网络转播这些明星会聚的体育赛事时,培恩的标牌会被无数观众所了解熟知。在人们的脑海中留下品牌的印记对我们来说价值无限。

粉红美元

马丁和迪克·韦弗经常在营销策略上起冲突。其中最令人印象深刻的事件是迪克坚持认为应当把培恩带入同性恋圈子。而马丁却不赞同。他不愿专注于任何特定的人群，不是因为"恐同"心态，而是他早就有了其他更重要的推广计划。马丁一直回避迪克的建议，总说相比于更大的市场来说，同性恋市场只是很小的一部分，而同性恋群体客户将会自然而然地加入到这个大市场中。他甚至告诫迪克不要主动向西好莱坞的酒吧推广培恩。

在营销层面，迪克知道马丁也许是对的，但是在公关层面，他不同意马丁的说法。他觉得像培恩这么火的产品，我们必须主动在引领潮流的同性恋群体中奠定口碑，而不是等着他们来找我们。他担心因为忽视了同性恋群体，而被其当作是怠慢，之后会带来灾难性的后果。他不顾马丁的意见，开始将培恩酒提供给城市最高端的场所和一些高级同性恋活动现场的调酒师和主办方。后来马丁发现了这个情况，他非常愤怒，但是这个策略也确实产生了些效果，因此他同意继续这样做，只要迪克保证他不针对一些特定的同性恋新闻或活动来吸引注意力，因为我们的整个策略就是避免将目标明显锁定在一些特殊群体上。迪克同意了。这两人之间的相互妥协很少见。最近，约翰·保罗也告诉我他也赞同针对所有人群的营销原则，表示不会放弃任何市场。他跟马丁在这一点上步调一致。

在让培恩登上大小荧幕这方面，我们无比幸运。除了保罗在好莱坞的个人关系外，迪克找到了路易斯·巴拉哈斯。他是《曲折》(*Flaunt Detour*)的创办人和总编辑，现在已经变身为《张扬》(*Flaunt*)，这两者是洛杉矶地区最炙手可热的时尚杂志。路易斯既是迪克的朋友，也是其公司的客户，他看到了培恩的潜质，成为一个培恩迷。路易斯与迪克是西好莱坞派对的活跃分子，路易斯经常为广告商们，如一些大型工作室，举办洛杉矶最热门的派对。爱交际的迪克游走在各个红毯仪式之间，确保当《今夜娱乐》的摄影机打开时，只要有明星们愿意，培恩酒就会出现在他们手中。

我们的销售主管艾德·布林(Ed Blinn)在一次采访中说道："如果你去参加六场首映礼，每次都供应培恩酒，那么在第三次你就会开始喝培恩酒。"但实际上，我们甚至不需要那么长的时间就可以俘获众多演员和导演的芳心。

在早期，路易斯是极为重要的同盟伙伴。通常来说，工作室都会在活动中雇用某些人来全权负责餐饮服务，但路易斯除外，他会亲自完成这些带有传奇色彩的派对的运作，因为这些活动与他杂志的声誉息息相关。这就给了他在每个重要的红毯仪式上选择自己最喜欢酒品的机会，其中包括奥斯卡之夜的颁奖舞会和两年一次的《名利场》派对。培恩酒一直在这些奢华场所和高级商业秀上被突出展示，并成为奢华礼品袋中的必备品。

我们以提供培恩酒的方式，换回了高折扣下的路易斯杂志主要版面的全版广告。路易斯杂志对于一些"合适"的人有着广泛的影响力。当然不是每个人都有看《曲折》杂志习惯的。由于路易斯独到坚定的眼光，他拒绝了无数品牌，并对广告漫天要价，这些都让他臭名在外。而我们的这种商品与服务交换式合作模式在当时是前所未闻的。《曲折》杂志成为我们唯一的商业广告。

大多数好莱坞活动的赞助商不仅需要提供免费的东西，还得支付出场费，我们是个例外，这也增加了我们的知名度。通过这个简单的交换模式，我们在最初四年里的广告预算一直很少。人们神秘地猜测我们是圈内人，是通过某种与秀场制片人或公关代表的关系，才把培恩带入这些私人派对中。这些秀场包括《今夜娱乐》、E！娱乐、Extra 等。再比如，赫斯特家族（Hearst family）的公关代表确保在赫斯特城堡及其家族的其他房产中所举办的派对上使用的酒水必须有培恩酒。

我们与最高端的顾客建立联系，并用一切可利用的关系来发展新的关系。因为我们能够参加一些私密活动，并且可以出现在每个人都想要去的地方，培恩的形象就可以轻松出现在杂志上或者电视采访节目的背景中，这就足够激发起那些瞥到培恩酒的人的兴趣。我们并非具备一个详尽的广告计划，我们仅仅是立即快马加鞭地开展重要工作，对每个有利于品牌发展的情形和机遇做出快速回应。

免费赠送

我们将很多培恩酒派送给顾客们免费品尝。当迪克最初被雇来做公关宣传的时候，我们给了他无数的试饮品，供给他在好莱坞的时尚友人饮用。培恩酒装在笨重的大酒箱里。迪克利用这些箱子来搭建书桌、咖啡桌和沙发。虽然有大量的产品被当作试饮品，但是这些付出也得到了回报。百闻不如一尝，不久之后我们就获得了一大批品牌代言人。

这批代言人中有罗拉·弗琳·鲍儿，现在最火的女演员之一，当时凭借大卫·林奇（David Lynch）的影片《双峰》迅速成为一颗新星。她在斯帕戈餐厅派对后迅速爱上了培恩酒。她也是迪克的朋友,因为那时她正在跟迪克的室友杰弗里·迪恩·摩根(Jeffrey Dean Morgan)约会。他们在他西好莱坞的公寓中一起度过了很多疯狂的夜晚,常常喝到烂醉。在洛杉矶马尔蒙庄园酒店里的一次培恩之夜派对上,罗拉问迪克,她是否可以在下一部由她所主演的电影《三人组》中使用培恩酒。这部电影的导演是安德鲁·弗莱明(Andrew Fleming),也是我们品牌的忠实支持者,他想在罗拉跟其他两个主演乔西·查尔斯(Josh Charles)和史蒂芬·鲍德温(Stephen Baldwin)的激情戏中使用培恩酒。迪克高兴极了,但这把马丁吓到了。

"激情戏?!迪克,你是怎么想的?这不是我们试图传达的信息,绝对不行!"

"马丁,这是个千载难逢的机会。我不在乎他们怎样使用培恩酒,只要我们的酒瓶出现在银幕上就可以了。"

正如他们经常不赞同彼此的意见一样,他俩这次又陷入了疯狂的争吵当中。我此生至爱和最好的朋友之间是一段爱恨交织的关系,似乎恨比爱稍多一点。他们二人都极富创造力和热情,因此,他们总是发生冲突。但是马丁比任何人都清楚如何才能让培恩更好地发展,所以他希望能控制住迪克。我们对于电影中出现三个魅力四射的大学生的香艳场景倒不持什么异议,但是舔掉裸体上的盐、喝一口培恩酒、再舔一口酸橙,这些行为背后的目的就是一醉方休,就是有意掩盖过去那种喝便宜龙舌兰酒所带给人们的恶心之感。这样的场景恰恰是我们想让喝龙舌兰酒的人们尽可能远离的一种观念。而迪克的意见是,这个电影就是一个艺术项目,观看群体只是一些时髦的高端影迷,这样做能扩大我们产品的市场。他坚持认为,这些创造时髦风尚的人就是明天的奢侈品消费者。但是马丁划一条警戒线的决定是完全正确的。把培恩塑造成精致而高雅的产品至关重要,因为培恩绝非烂醉荒淫的代表。

迪克又一次无视马丁的反对。培恩最终还是出现在这部遭受评论家广泛抨击的电影中。但是令人惊奇的是,《三人组》票房收入不错,受到无数年轻影迷们的追捧,虽然电影的故事情节让人摸不着头脑,但是我们的宝贝——培恩,出现在这部电影里的一次激情场景中的确吸引了全国观众的注意力。这也许是培恩目前为止所做的最出格的事。当然,培恩仍然是电影首映礼派对的主角饮品,因此那场激情戏也为培恩品牌的推广创造了许多益处。不久,越来越多的工作室都来要求使用培恩。

更多特写

黛米·摩尔(Demi Moore)的《脱衣舞娘》(Striptease)就是争相使用培恩的电影之一。马丁坚定的回答:"不,谢谢。"甚至迪克也认为这样不妥。我们有能力进行选择,有能力说"不",因为我们也得到了大卫·鲍威(David Bowie)的青睐。大卫·鲍威的电影名叫《面条事变》(The Linguini Incident),1991年上映,主角还有玛丽·玛特琳(Marlee Matlin)、罗珊娜·阿奎特(Rosanna Arquette)以及可爱的超级名模伊曼(Iman)。伊曼后来成为我们的朋友。在电影中罗珊娜扮演的是一个想和大卫·鲍威所扮演的角色密谋抢劫一家饭店的逃脱艺术家。大卫·鲍威扮演了一个酒吧侍者,为培恩提供了大量的银幕时间。这个电影又非佳作,但它却进一步帮助我们步入最上层的名人圈子。

汤姆·克鲁斯(Tom Cruise)是另外一个邀请培恩成为其合作明星的粉丝。我们在一个音乐会上遇到他,他提起此事。那时他刚要开始电影《香草的天空》(Vanilla Sky)的拍摄。这部电影是一个心理惊悚剧,剧中有众多美丽的演员,其中包括佩内洛普·克鲁兹(Penelope Cruz)和卡梅隆·迪亚茨(Cameron Diaz)。在电影里一个著名的酒吧场景中,作为汤姆的酒品选择,他多次提及培恩的大名,喝完培恩还会点一杯啤酒。再一次的,这并非是我们展示培恩形象的最佳之选,但是主角毕竟是汤姆·克鲁斯,好莱坞毋庸置疑的最佳演员之一。

在电影拍摄期间,他下榻于贝尔艾尔酒店。我们送给他一些有培恩标志的各色饰品,包括一些水晶玻璃器皿、一个鸡尾酒瓶、一个银制瓶、一个镶有培恩蜜蜂标志的拉丝银打火机。这些东西就是我们所谓的品质生活附属品。它们都是我们在研发过程中的收藏之物。我们本以为明星们总是会收到类似的礼物,但是通过汤姆的反应,也许情况并非如同我们所想象的那样。他亲自打电话给我们,表达其真挚的谢意,特别强调了礼物的高品质。像他那样的明星通常不会亲自打这样一通电话,他们顶多是让一个助理联系一下。但是汤姆比其他很多明星都平易近人。

藏家珍品

电影促进了我们的商标识别,当然也有其他途径,但那并非意味着我们有意要迂回进入好莱坞文化。突然间，我们的空瓶子出现在比弗利山庄最豪华住所的餐桌上或者其他地方。人们收集空的培恩瓶，将其用在许多地方，比如把它当花瓶、色拉调味瓶、浴盐瓶等。我们有独特编号的手工瓶变成了时尚的家居饰品，在我们出现一些生产和分销的周期性问题时尤其如此。事实上，人们已经开始出价来购买这些空瓶子，它的价格有时甚至超过了一瓶培恩酒，尤其是那些编号较小的瓶子。事实上，我仍然在易贝（eBay）等网站上看到许多出售空瓶子的广告，因此收藏家的狂热一直持续不断。

作为一个销售策略，这一点使马丁震惊，他害怕这种潮流会将人们的注意力从酒品本身转移到空瓶子上。

"我们卖的是龙舌兰酒，不是艺术品。"他厉声对迪克说。

但是接受并利用这种潮流也丝毫无损于我们的品牌形象。我们精心制作的包装竟会变成如此突出的珍藏物。空瓶本身即使没有培恩标签，也是特色十足，辨识度很高，在高层次客户群体中塑造着人们的意识，带来深远的影响。谢天谢地，马丁在我们构思出瓶身设计之后就立即为酒瓶进行注册，因为酒瓶本身成为时尚品，这就极大地推动培恩成长为一个经典品牌。人们想要品尝我们产品的强烈渴望是远远不够的，他们还不舍得丢弃空酒瓶。

最终，马丁做出让步。太多的培恩迷以这种意外的方式表达他们对品牌的忠诚度。他甚至也开始鼓励这种收藏狂热。每次我们去酒吧或者餐厅，他都会告诉酒保或者侍者，谁购买了培恩的最后一滴酒谁就可以保留此酒瓶。他发动所有的朋友，让他们在国内对此信息广为宣传。不久，在一些时髦高端的饭店，此活动变成一种时尚潮流。

名人对收集培恩酒瓶有着巨大的热情。女演员安杰丽卡·休斯敦（Anjelica Huston）的丈夫罗伯特·格雷厄姆（Robert Graham）是一位杰出的雕刻家，他寻找空培恩瓶来建造一个围墙。这是一个令人高兴的要求，我们何乐而不为呢？当所收集的小编号培恩瓶在北岭地震中受损后，布鲁斯·斯普林斯汀是那么的心烦意乱，以至于马丁为他生产了一些复制品去替代他曾经的珍藏。我们不得不接受这个事实，那就是我们的粉丝不仅把培恩看作是一种超优质酒品，对他们来说，它也是一件艺术品。

走向全球

在发展初期我们的不足都被我们最初客户的热情和创造力所弥补了。但是如果我们想要继续成长,就需要占领更多的领域。在发展的前两年,我们品牌的声誉限定在西海岸的精英圈子。他们的影响力对我们来说极为重要,帮助我们度过20世纪90年代的大部分时间,那时我们正致力于培恩国内市场的建立与推广。但是,我们仍然有大量可提升的空间,因此,几年之后,我们应用了相似的策略来开创培恩全球市场。

迪克在把培恩推上全球名人殿堂等方面起到了重要的作用。在戛纳电影节上,迪克将培恩酒瓶塞入每个游艇和红毯明星的手中。突然间,手拿培恩瓶成为通行大洋两岸任何高端活动的自动邀请。他的一个好友戴安·弗里斯(Dyanne Fries)——影视制片人查克·弗里斯(Chuck Fries)的女儿,恰巧有一家公司FMPC,主要为其客户在包括戛纳电影节的世界电影节活动中搭建展台。在这次特别的旅程中,戴安正在制作关于电影节动态的日播电视短片,这些节目会在小十字(La Croissette)海滨大道的所有大型电子屏上播送,短片也将在世界各地的电视台简要转播。她需要帮助,所以邀请迪克一起参与采访,并且清楚迪克正好可以趁机推广其自己的一些项目。在电影节开幕的三天前,迪克想到一个推广培恩的好主意。他在法国给马丁打电话,希望能够继续为培恩服务,而且要求寄去几箱培恩酒。于是一种类似游击的营销活动在欧洲兴起。

迪克通常并非早起之人。但现在他每天早上很早起床,一方面协助戴安顺利完成在各式游艇、酒店和首映典礼上的电影明星采访工作。不论是杨紫琼(Michelle Yeoh)还是尚格·云顿(Jean-Claude Van Damme),只有在迪克递上培恩酒瓶之后,采访才真正开始录像。这种情况持续了两个半星期。

机不可失。因为戴安是负责人,所以不论迪克受邀与否,他都能轻松自如地进入每个活动现场。他走向好莱坞传奇的经纪人杰克·吉拉迪(Jack Gilardi),说:"我听说ICM晚间会在诺佳希尔顿的屋顶开设派对。想要些培恩酒么?"

"嗯!"他肯定地答道。

迪克开着装载一箱箱培恩酒的摄制组面包车停靠在《造型》杂志的派对场所——著名的杜章酒店(Hotel du Cap),这里本来是严格禁止这种行为的。《造型》杂志的主编惊讶地告诉他："这儿要举办的是凯歌香槟派对。"

"不再是了。"迪克这样说，其身后还站着酒店的总经理。迪克早在几个小时之前就询问这位总经理是否能把培恩酒带到酒店里。答案是不。但是这个亲切友好的总经理也承认他喜欢这个牌子，并且希望它出现在酒店内。"我会让您满意的。如果您能腾出派对上前中区域的位置给我们，我就送您几箱酒。"迪克说道。"成交。"经理回答。赞助这些派对将花费酒品供应商一大笔钱。培恩酒如此轻易就打开了欧洲市场，这也揭示了当地对此酒强烈的潜在需求。

在电影节闭幕前的两天，戛纳每个高级酒店、酒吧和许多游艇都存有培恩酒。消息不胫而走。作为感谢，迪克会给每个主办戴安采访的游艇送去一箱培恩酒，并有意无意地靠近游艇甲板附近，问："我能登船么？我带来了礼物。"不论游艇的主人是谁，他们都会回答："你有培恩酒？欢迎上船！"至此，迪克和培恩酒在戛纳声名鹊起。国际富豪们都想尝尝这种如雷贯耳、众所热议的龙舌兰酒。迪克甚至将培恩酒带到那时世界上最大的游艇上。他本来得为此雇用一艘供应船，但是当看到培恩酒礼物时，船长很乐意帮个忙。在戛纳有太多人谈论这个品牌，以至于你会认为迪克在免费分发卡地亚手镯。

花花公子豪宅

回到洛杉矶，马丁和我成为大多数好莱坞名流派对的常客，有时与约翰·保罗和埃洛伊丝一起，但这种情况也不多见。我们与花花公子的合作始于我们在第一次全额投资的平面广告中选择花花公子玩伴这一决定，这也是马丁单方面的主意。这一切都物有所值。我们之间的关系进一步推动了培恩酒在国内的知名度。

在与他们合作的过程中，我们与花花公子团队里几个关键成员的关系更加密切。宣传部经理辛蒂·拉克威茨（Cindy Rakowitz）、负责杂志广告和排版的丹尼斯（Denise）、格雷格·席培（Gregg Schipper）与我们共进晚餐。丹尼斯和辛蒂几次邀请我们参加在花花公子豪宅的活动，其中包括仲夏夜之梦派对和除夕夜派对。我们也总是应邀前往，因为这些都是好莱坞最热闹的派对。人们喜欢与培恩酒老板会面，因此我们总是很受欢迎。

然而这些派对上也有些奇怪的事。与街谈巷议相反的是，这儿并不是个酒醉金迷的荒淫之地，至少我是这么觉得的。没人能够带着花花公子的兔女郎上楼在房间里来个午夜幽会。因此，这样的派对难免显得枯燥。摇滚乐手吉恩·西蒙斯(Gene Simmons)和那些自认为是花花公子的男星像斯克特·拜奥(Scott Baio)都只能呆呆看热闹。还有些太刻意去追求性感的新晋明星成为派对上养眼的花瓶。然而派对上的人似乎都在保持距离，没有人负责运营整个派对。所有的客人似乎都跑到豪宅之外，偷窥着休·赫夫纳(Hugh Hefner)传奇般的生活方式。只有赫夫纳当时的六个女友和那些提供饮料服务并招待客人的花花公子女郎是真正在享受着派对。

我参加过更好的狂欢派对。花花公子派对食物平淡无奇，场地还算不错，泳池区厕所一团糟。但是作为培恩的代表，我们必须要出现在花花公子豪宅中。这也不是很糟糕。我们和丹尼斯、格雷格、辛蒂以及那些杂志撰稿人在一起，与提供饮料服务的女郎聊得很尽兴。她们是脚踏实地的甜美尤物，非常专业。她们穿得很少，就只有性感内衣或者身体彩绘，接受过行为举止的训练，所以她们自然安适，优雅端庄，并腿挺胸，从我们的身侧供应饮料。花花公子杂志对其女郎的行为举止有着十分苛刻的规定。她们明白性感与浪荡之间的分界线。这些都如同我们训练培恩女郎时的准则。我们第一次广告拍摄就雇用了美丽动人的模特凯伦·麦克道戈(Karen McDougal)，1998年花花公子的封面女郎。

闪亮登场

另一个能宣传培恩品牌的好莱坞重大事件是我们在洛杉矶理查德·布兰森爵士(Sir Richard Branson)的维珍大卖场的开业。我们与理查德爵士通过共同的好友伊恩·道尔夫(Ian Duffel)在旧金山相识。伊恩·道尔夫长期担任维珍集团的高管，他坚信我们双方的会面是互惠互利的。马丁众多的梦想之一就是创建一家培恩航空公司，拥有一架培恩商标的豪华私人飞机。这不过是他作为设计者的野心。他甚至用培恩的标志性绿色制作了一个在机尾镶有培恩蜜蜂标志的模型飞机。因此，他十分激动能与一位创建私人飞行舰队的人会面。与此同时，理查德爵士也对开发维珍伏特加酒十分感兴趣，想要向马丁请教。最后，这两个议题都没有什么结果，但是马丁同意在洛杉矶维珍大卖场开业时为理查德爵士提供培恩酒。

那家目前已经关闭的大卖场坐落于落日大道上一个带庭院的圆形建筑里，在那也曾有著名的施瓦布杂货店。我们的派对就设在庭院，布置得令人赏心悦目，有培恩冰酒吧和培恩女郎服务。现场音乐绕耳，名人遍布庭院，我们都在期待理查德爵士的闪亮登场。他喜欢这样。这次，他选择了一个传奇主题，在屋顶上设置一条能够让他降落在庭院中央的飞索，当然，任何人都不会想到他将在一个挤满人的地方降落。当这个大胆的商界传奇人物从索道飞下时，他摇晃的双脚踢到了许多宾客的头。所幸无人受伤，但是理查德爵士的脸泛红了，我不确定那是因为体力消耗还是因为尴尬，但当时的场面令人兴奋异常。

自此之后，我又在世界其他地方见过他几次。马丁对理查德爵士十分尊敬。从他身上，马丁看到的是他渴望成为的那种成功的消费品牌大亨。而我仅仅是乐于与他做伴。他是一个性情中人，你看到的就是真实的他，从不摆架子，对女性友好，尤其喜爱我们的培恩女郎。

品牌大使

除了这些奢华的活动之外，我们利用每个或大或小的机会来宣传培恩。市场上再没有另外一个酒类品牌的身后站着一个真实人物。大多数品牌都是很早之前创立的，许多品牌创建者已经与其产品没有太多的联系了，或者他们仅仅是为了当代市场才生产酒品，而没有任何个人故事。但是当我们白手起家创建培恩企业时，培恩的故事就随之展开。马丁就是这个故事的主人公。作为品牌发现者和创始人之一，他对每个人都平易近人。无论我们在哪儿，好莱坞派对、餐馆、酒吧甚至是超市，他都很高兴地在酒瓶上签名，并与培恩消费者热情握手。约翰·保罗同样如此。

这就是为什么我们十分重视自己所举办的娱乐活动，尤其是当我们在家中开派对时。约翰·保罗、埃洛伊丝、马丁和我在代言品牌时各司其职，一起创造一个喜庆、活跃、自然、趣味十足的气氛。没有什么细节是微不足道的。我们很自豪能创造一些由培恩酒所带来的难忘经历，诸如创意鸡尾酒和创意培恩食谱。每个离开我家派对的人都能够带着最快乐的体验和对培恩酒最美好的感官回忆。这也是事业的一部分。

鉴于我们所树立的良好形象，每个生活在我们周边的人都能够很好地理解什么是培恩的生活方式。我们已经建立了一种行为标准。当约翰·保罗最近描述起一次早期比弗利山庄的培恩派对时,我才又确定了这个事实。

那是在1990年一个星期日下午,培恩酒空瓶堆积如山。大约有100多个名人或普通朋友聚在泳池旁。当最后几缕阳光将后院笼罩在金光之下时,大家享受着红魔布鲁斯(Red Devils)乐队的音乐。布鲁斯代表人物约翰尼·里弗斯(Johnny Rivers)带着他的吉他,加入乐队伴奏,引吭高歌了一些经典曲目,如《秘密特工》(*Secret Agent Man*)、《城市贫困面》(*The Poor Side of Towa*)、《孟菲斯》(*Hemphis*)。

切奇·马林(Cheech Marin)当时也在。与约翰·保罗的山下邻居詹姆斯·伍兹(James Woods),还有其好友大卫·卡拉丁(David Carradine)一同前来。大卫那天稍微有点喝高了。当时还有一个没人认识的人,不管是谁带他来的,他都是座上宾,直到发生了一些奇怪的事情。大卫用胳膊搂住那个陌生人,然后就这样拉着他一起跳下泳池。大卫大笑不止,但那个湿淋淋的不速之客却不高兴了。事实上,他生气了,不久就离开了现场。

当大卫最后爬出泳池,约翰·保罗问道:"那个家伙是谁?"

大卫答道:"我也不认识他,但是他走向我的时候把手放在口袋里,然后拿出一些迷幻药。他想让我们和他一起嗨!"

大卫继续向约翰·保罗解释,他拉着那个男人一起跳进泳池是为了使迷幻药失效。他知道这不是那种派对。我们的培恩聚会一直都只关乎享受美好的时光、欢笑和爱。人们总是情绪高涨,但这是一种仅仅由最优质龙舌兰酒所带来的安全纯净的兴奋。这一切都代表着好好生活,用最好的方式对待自己。

"约翰·保罗,我无法眼看着这个家伙在你的派对上使用迷幻药。"大卫解释道,"我知道你一定不会赞成这样的,但是我又不想打扰你,所以我就想法子自己解决了。"

通过培恩,我们已经创造出一种高雅文化、一种极致口感、一种为生命中最好的东西而奉献的精神。我们已经建立了一个让所有的朋友和培恩粉丝都欣赏且甘愿遵循的生活信条。

当然,约翰·保罗一家总能够在奢华上超越我们。他们在马利布的家曾举办过众多令人难以置信的庆典,从他们的婚宴[雪儿(Cher)都参加了],到一些我所见过的最颓废的化装舞会。他们有一个圣诞节派对是以文艺复兴为主题的假面舞会。当我们到达时,铜管小号吹响,我们以为自己好像踏入了亨利八世的电影拍摄现场。

我们四人都有能力主办一场令人难忘的秀。也许马丁和我永远无法在场面上超过约翰·保罗他们,但当我们搬到蒙特西托时,我们也加强了应酬,用创造力和感官享受来弥补预算的紧缺。一周又一周过去了,我们不是围绕在人群之中,就是在招待他们。我们决心要传播爱,由马丁发现并研发的培恩品牌代表的就是爱的主题。我们变得越来越平易近人,确保培恩是我们所接触到的每个人口中的谈资。我们是那么喜欢社交。

这就是培恩早期的生活:各式聚会。工作即生活,生活即工作。对这其中的每一个细节我都回忆得津津有味。

第五章　凭直觉行事

我们在开发培恩的头几年,运气异常好。不知怎的,或许是我们一开始对所有事物保持开放态度,没有设定发展路线或行事议程,而使得培恩这一品牌不断产生奇迹的瞬间,这些都定义了品牌的内涵。事实上,如果马丁在那天驾车穿过哈利斯科山脉的时候不在状态,那他也许永远不会发现培恩。这就像是冥冥之中宇宙在给予我们一些礼物,让我们知道我们已经走在正确的道路上。

在早期,也就是业务初始的几个月,马丁和我租了一艘游艇,我们和几个朋友在加勒比海游玩,其中有汤姆·劳(Tom Law)和卡洛琳·劳(Caroline Law)夫妇,格雷格·甘恩(Gregg Gann)和其未来的妻子莫内特(Monette)。我们从圣马丁岛一直航行到格林纳达,在途中经过的许多岛屿稍做停留。我们没有行程安排,就是三对幸福的夫妇,完全享受自由,尽情分享对航海的热爱,与岛上居民交流沟通,体验不同文化。我们一路向南,尽情享受生活,享受培恩,沿路裸泳、捕鱼,每个停靠的港湾都给人留下了深刻的印象。当我们快到格林纳达时,我们开始制作玛格丽塔。当我们喝完一瓶培恩酒时,马丁有个想法,就是写张纸条塞进瓶子,然后把它扔进海里,这仅仅是为了好玩。所以我们就这样做了。马丁在他的商务名片背后写上:任何发现这个瓶子的人都会收到一箱培恩龙舌兰酒和我的祝福。欢迎致电。

我们用软木塞塞住瓶子,把它密封好,扔到船外,这真是一个诗意十足的姿态。这个瓶子看起来似乎可以和大海融为一体,上下浮动后消失不见。为什么不这样做呢?

两年后,当马丁在蒙特西托办公桌前工作时,收到了一位年轻女性的电话。

"我发现了一个装有你名片的瓶子。"她说。

"很抱歉,我不明白你在说什么。"马丁回答道。那时候他早已经把我们曾做过的事忘得一干二净了。

"上周,我丈夫和我在百慕大度蜜月,当我们走在海滩上时,我们看见沙子里有东西在闪烁。"

之后他们就把这个东西挖了出来,拔开瓶塞,发现马丁的名片。洋流如何将这个瓶子运送到那,这至今仍是个迷。

我们都异常激动,马丁当然兑现了他的承诺,寄给他们一箱培恩酒,这当然也是最完美的新婚礼物。我们当初对海洋一时兴起的给予最终能送到一对理应收获此礼的新婚夫妇手中,这件事想起来仍让我们兴奋不已。

未知水域

如果凡事总那么简单就好了。但事情从来没有一帆风顺的,特别是当你在一个完全不熟悉的行业开展新业务时。在工作过程中总是充满紧张的时刻。最初,我们也会犯一些重大的错误,生产和分销混乱一直是我们所关心的问题。业务发展早期,运气在市场营销和得到好莱坞时尚带头人的肯定中起到决定性作用,但跟风潮并非一夜兴起。

我们所面临的其中一个挑战是,20世纪80年代末至90年代初根本不存在优质龙舌兰酒市场。那是前所未有的先例。那时候人们大多饮用伏特加、葡萄酒和啤酒,并且饮用方式乏味无聊。混合饮料最多包含两种酒品成分。相比马丁尼酒,人们更有可能会点混合奎宁水或橘子汁的伏特加。一杯杜松子酒混合奎宁水,或者苏格兰威士忌混合苏打水已经异乎寻常了。

在那时,现如今无处不在的大都市鸡尾酒还未出现在酒吧。事实上,那时候都还没有人喝鸡尾酒。那些在禁酒之后的繁盛辉煌期所创造出的饮品,如赛德卡鸡尾酒、古典鸡尾酒、红粉松鼠鸡尾酒和杜松子汽酒在19世纪60年代就逐渐消失了。然而那时,烈酒并非像现今时髦新鲜事那样被吹捧。酒保尚未被提升到和调酒师一样的地位。调酒中使用高品质原料,或者是将原料巧妙结合的方式都没有受到任何重视。酒品既没有花哨的酒杯来搭配,也没有别致的名称。就连饮用或收藏上等葡萄酒的人都很少。对烈酒、葡萄酒的品质欣赏都尚未达到一定水平。人们甚至对葡萄酒或者烈酒都还没有清醒的认识,因为他们并不在意喝的是什么。如果有什么区别的话,酒精被认为是一种罪恶的快感,喝下酒精纯粹是追求一时的快感而不是口感。人们没尝过更好的酒,所以他们接受的观念是:烈酒就应该不怎么好喝。在一个颓废的时代,人们尝试各种各样的事物,烈酒就是一个能让自我感觉良好的手段。

我们的工作就是给公众重新树立关于品质和理性消费的意识。不过那只是冰山一角。我们不仅要重塑鸡尾酒文化,还必须构建出涉及生产、包装、运输和分销等诸多方面的基本业务框架。当涉及业务运营时,我们必须克服陡峭的学习曲线,因此在学习过程中我们经常遭遇严酷的现实。

调整酒瓶是一个漫长的噩梦。因为它们都是人工吹制而成的,瓶口直径会出现差异,唯一的解决办法就是库存六种不同尺寸的木塞。达到美国烟酒枪炮及爆炸物管理局 ATF 的标准是另一个重大的生产问题。人工吹制的个人艺术作品会造成酒瓶尺寸上的微小差异,这导致一些酒瓶体积较小的问题。检查员们叫停了装运,随即开始抽样检查,最后 ATF 同意,不管酒瓶如何,里面只要装足 750 毫升液体就可以了。但这种情况只持续了很短时间。随后我们被告知,并且要求无条件满足木塞最下方和瓶中酒品之间要保持一定的空气量,从而应对气候变化条件下的体积变化。如果没有严格遵守这个最低标准,瓶内酒品可能会溢出。这个问题在短短几个月内很难得到解决。最后马丁在吹制玻璃的过程中引进了模具,将酒瓶尺寸标准化。

采购不同的包装材料是一个艰巨的物流任务。包装所需物品繁多:木塞、丝带、一本小册子、五个标签、薄纸、收缩包装以及盒子。木塞最终选择从葡萄牙进口,盒子、丝带、薄纸等大多来自美国,也有来自其他地方的。这就增加了全球运输成本。

大多数人尚未意识到马丁的慷慨大度,他会奖赏下属,并在每个圣诞节给每个培恩员工发一笔丰厚的奖金。但是对培恩的供应商来说,他执意尽可能地减少开支,压低价格。任何商人都知道,从每件物品中节省下来的每分钱都有累积效应,从而提高利润,当有太多企业参与生产和包装过程时尤其如此。

每一次设计变更，都需花费并浪费大量生产资源，最后才能使它正常运行。最初，酒瓶顶部有一个摩尔风格的玻璃球，里面的阀杆与木塞顶部由黏合剂相粘。但是找到这样一种黏合剂，并确保它不受酒品影响而变质，还要让它通过美国食品和药物管理局的批准，这似乎不太可能。在打开酒瓶时，玻璃塞会从木塞中拔出，把木塞留在瓶子颈部。我们反复尝试设计，希望能把玻璃塞摇出而不是拔出，但这一直没有成功。马丁最后不得不放弃美丽的玻璃塞设计，采用模仿其外观的全木塞设计。

实践型国家

包装历经反复实验。除此之外，我们还面临的挑战是，玻璃厂距龙舌兰酒厂较远。不断的挫败经历变成了我们晚饭桌上的闲聊话题。我们的航海朋友格雷格总是和马丁开玩笑，谈论这些在墨西哥开展业务的小陷阱。这两人是在建筑材料营销公司建立之后通过约翰·保罗相识的。马丁帮助格雷格采购一些墨西哥瓷砖，用于重新装修他所投资的一些房产。格雷格自己曾有过一个从墨西哥进口商品的贸易公司，商品包括人工吹制的玻璃。他告诫马丁，美国南部边境之外所生产的东西质量不一定能保持一贯如初。他一方面觉得这些事挺有意思，一方面也很同情马丁的遭遇。众所周知，在墨西哥是不太容易成事的。

"墨西哥的问题在于它是一个实践型国家。"马丁在那些最令他沮丧的日子里总是这样说。但是约翰·保罗并不同意，因为他与墨西哥人有过几次良好的合作经历。

马上就出现了一些小问题。就在工厂收到签署合同之后的几天，生产交易就几乎要终止。合同中一些条款被认为有失公允。双方律师必须要亲自见面，再在翻译的帮助下逐条审阅合同条款。马丁不得不飞去工厂露个面，然后耐心向他们解释，他只是想要一个对双方都公平的合同。他一贯是这样做生意的。

经常要处理紧急事件，这是生产过程中常见的事。生产会突如其来地停止，有时因为家庭原因，或某人生日，或某个宗教节日，或是因为某人对马丁不满，反正生产经常会因为各种不可预测的原由减缓。

那时我们才意识到问题自始至终都会出现，我们需要尽可能地保持灵活，当每个问题刚出现时就积极将其解决。不要以为其他人会处理这些问题。马丁有弗朗西斯科的帮助,但作为这个品牌的所有者,他不能袖手旁观,即使在这个事业上升阶段。马丁经常飞去工厂处理设备或产品问题。他和弗朗西斯科需要监管整个生产过程,并处理所有问题。

我们预测产量之后,再据此提供对应数量的所有包装材料。当酒品因为某件东西的短缺而被延迟出货时,马丁就会勃然大怒。

"你不应该断货的。为什么你不告诉我你们产量降低了?"他总是这样问他们。

没有回答。

出货延迟的程度取决于短缺的是哪项货品。薄纸或丝带可以在一两天内运达,但标签、小册子和箱子都需要印刷,所以要等更久时间。

拥有生产最初培恩酒的这个工厂家族经常引以为傲。在和我们合作之前,他们只有一个日本顾客,但他们仍旧过得满足。接着,马丁和约翰·保罗走进了他们的生活,这个商业合同使他们变得难以想象得富有。他们认同并欢迎这些两方共同努力所取得的成就,且通常对于一些改善建议非常支持,但是他们缺少马丁所具有的一种创业激情。自然而然地,这导致一些显著的文化和个性冲突。

龙舌兰酒之怒

除了弗朗西斯科和工厂办公室助理一个名叫玛利亚的女人,工厂那边没有人说英语。我们不太确定我们之间的交流是如何被翻译的,但缺乏交流通常会导致沟通关系的破裂。有一次,当马丁得知生产停止是因为一个厂主和妻子吵架,而没有心思工作时,他暂时失去了冷静,可发脾气一点用处都没有。他并不是存心对他人不尊重或者对别人不公,但最初几年,他们并不了解他。他们最终习惯了他的直率脾气,但这已经花费了一段时间,而另一个厂主从一开始似乎就不太信任他。

这一厂主的一意孤行使得洛杉矶和哈利斯科之间的问题不断加剧,两者之间怒火无数。有几次,在货物即将要运送时,突然停止出货,原因是马丁无意中得罪了工厂家族。马丁只是想让各方做事更加有效率,但任何建议都被他们当成了侮辱。当酒品终于抵达美国边境时又经常有强盗劫持他们的货车。所以,货物能够完整到达目的地的情况非常少有。

一切本来都很简单。箱子里只能装下一定数量的酒瓶，每辆卡车也只能装下一定数量的箱子。当运输单据到达后，我们闭着眼睛就可以支付账单。但这种情况太罕见了。结果是，我们根本无法满足头几年的酒品需求。

有力同盟

　　马丁最明智的决定之一就是在销售培恩最初的那几个月内为我们招进了弗朗西斯科。弗朗西斯科并不是工厂主人的亲属，尽管他的聪明才智对培恩有着杰出的贡献，但一直被视为外人。他监管着一切，从龙舌兰植物产地，到蒸馏过程，到装瓶等，他会和当地农场主谈论植物的收获，也会确保没有任何事会影响酒的品质与味道。然而，他并没有得到应得的工资，同时也没有受到工厂主人的尊重。

　　通过高薪聘请弗兰西斯科，并给予他"酿酒大师"这个他应得的称号，马丁确保他在作物田地里有自己的人，这样在工厂扩大规模或提高产量时就没有人耍诡计或者走捷径了。虽然这意味着工厂那边可以少付一个人的工资，但工厂主人强烈不满弗朗西斯科改变阵营，他们把他当成从敌人营垒来的间谍。这个可怜人忍受着他们多年的嘲笑和虐待。这样一个温柔、值得尊重的善良灵魂不应受到此般待遇。他是培恩成为伟大龙舌兰酒最主要的原因之一，没有他，培恩也不会有如此巨大的成功。但是，是马丁让他物有所值，并发挥了作用。

　　弗朗西斯科是一名科学家，比任何一个人都要了解龙舌兰酒生产，所以有他参与至关重要。他完美无瑕的味蕾使得培恩能够在1992年研发并推出了XO咖啡龙舌兰利口酒（一款咖啡味龙舌兰酒），并在一年后又推出了香橼橙味利口酒（patron citronge orange liquear）。混合其他味道的龙舌兰酒在当时市场上是独具特色的，所以这也是一次大冒险。事实上，很多年之后的烈酒酒品，包括伏特加在内，才开始引入有其他味道的混合酒品。但是在原有酒品基础上研发这些有变化的酒品不是一个简单的任务。我们的新产品必须有着培恩知名的清纯口感，而不是像糖浆似的甜腻。马丁和弗朗西斯科成功了，并得到了饮品评论家们的赞美之言。

　　培恩XO咖啡龙舌兰有一种大胆浓郁的意式咖啡风味，也有着龙舌兰银酒最基本的口感，以及它所带来的干爽性。这款酒的酒精纯度为70度。香橼橙味利口酒同样清新干爽,不添加任何人工香料或颜色。虽然这两种酒品都还没达到龙舌兰基本款的热销程度,但是它们拓宽了消费群,销售额也稳步增长。当然,制作新酒瓶、包装和生产都是一个物流噩梦,因为它们均来自于不同的工厂。

存货期限

墨西哥不是在这场惊险之旅中制造紧张的唯一源头。正确的分销机构可以成就或粉碎一个烈酒品牌。如果你不具备足够数量、知识渊博且热情的销售团队,无法覆盖全国大多数地方,你的产品将在不久之后从货架上消失。这就是一切。

最初,酒仓库公司是我们最完美的合作者。它不大,这意味着像培恩这样一个新兴品牌不会消失在拥挤的市场当中。但这家公司仅仅在加利福尼亚有分销点。一年之后,我们的规模就远超他们的销售能力了。

酒品行业有两层分销商。最顶端的一层是由全国性的大型经销商组成的,例如帝亚吉欧(Diageo),占边(Jim Beam,又译金宾。——译者注),以及那时的施格兰公司(Seagram's)。第二层包括那些被大型经销商所承包的区域性经销商,他们将不同品牌的酒品卖给所有酒吧、饭店、酒品销售网点、免税店和杂货店等。这些地区性质的分销商包括像南方酒业公司(Southern Wine & Spirits)和扬市场公司(Young's Market Company)等。这些都是大型公司,其销售办事处遍布全国。

但通常的目标是得到一个顶层分销商的分销协议,他们大宗购买酒品,将其储存在仓库,并发货到各个州的二级经销商那里。有了这些大型经销商,一种烈酒品牌只有一个应收账款,而他们反过来再次承包给几个二级销售或分销公司,授权其管理那些在全国各地购买此品牌的零售顾客,这样就为品牌所有者免除了业务运营和财务方面的巨大麻烦。

另一巨大优势在于,分销公司越大,它在国际国内范围的覆盖率就越大,投资市场营销和促销活动的回报利益就越丰厚。这就是为什么任何一个新兴品牌的目标都是寻求一个更大的顶级经销商。

脚踏实地

在酒仓库公司之后,我们还与占边签约合作过。这是培恩第一次走向全国化发展之路。最终,我们要培训很多营销人员,所以不仅仅是马丁,约翰·保罗和我都要帮忙,然而这些事统统是由我们这样一个小小团队来完成的,这有点让人觉得不可思议。

马丁在开始时有一个助理。在接下来的几年里,他陆续增加了两名助手来监管销售:艾德·布林(Ed Blinn)和伯特·斯图尔特(Burt Steward)。那时培恩还没有什么公司的架构。建立一个充满活力的成功企业也不需要太多人手,只需要优秀的产品、合适的人员、一种无法抵挡的创业精神和热情就足够了。那时,小而灵活的模式也是可行的。所有的精力都去经营生意本身而不是去管理人员。我们总是有条不紊,同时,完成任务能使我们真正感到愉快。

培恩渗透到我们所做的一切事务当中,无论是与朋友聚会,还是享受我们的休闲兴趣。名人不是我们首选或唯一的品牌曝光途径。通过谈论品牌和以品牌所代表的方式生活,我们自身与其息息相关,我们的朋友和熟人很快也受到感染。不管我们去哪里,我们都介绍自己为培恩品牌大使,连服务台的人都认识我们的车,知道它属于培恩所有者。

这创造了一个连锁反应。一个朋友告诉十个朋友,然后这些朋友再口口相传,所谓一传十,十传百,百传千。我们很快创造了一个朋友圈。我们这样请求朋友帮助:让他们无论去哪里,酒品商店、杂货店、酒吧、饭店、机场免税店等,都要寻找培恩的踪迹,即使我们知道有些朋友所生活的州尚没有培恩分销点。在任何一个地方,如果三个人要购买培恩,管理人员会记住并且在其下次下单前寻找我们的产品。这就是所谓的"从最前沿开始努力"。一个接一个,十个接十个,二十个接二十个,我们稳步创造出一股能拉动需求的巨大能量流。这简直是一个惊奇。在酒吧听到一个陌生人点名购买你的品牌,这种感觉无与伦比。即使是现在,虽然我已与企业没有什么关系了,但每一次有顾客说要购买培恩,我都感到莫名的激动。

行走的广告

我们不只是讨论培恩,无论我们走到哪里我们都在随时做着广告,每次我们在全国或世界各地参加活动或会议,我们也都备上自己的行头。马丁会穿一件有培恩标志的T恤或者运动衫,我会穿着印着培恩品牌的短小女士T恤和瑜伽裤。我也会带着印有"培恩星球保护者"的背包。关键是每次我们在机场,成千上万双眼睛会关注到我们。每次我们飞去安圭拉岛,我们必须在迈阿密或纽约转机,所以我们不得不为自己的品牌做最好的宣传。培恩在这些州是否有销售并不重要。我们必须把培恩印在人们脑海中,这与形象有关。

这就是为什么培恩的衍生产品具有一个非常具体的标准。我们需要男士女士们都能真正穿上它。所有烈酒品牌都有自己的棒球帽和T恤,但我们的东西不是那些会被扔在抽屉底的宽松无形的衣服,它们必须是时尚的。男士们很容易就扔掉一个品牌T恤或帽子,但我们故意将女装设计得性感时髦,这是一件女人们出去办事或和朋友聚会时都会想穿的衣服。在20世纪90年代初期,流行的是刚好能覆盖住腹部的短小T恤和有褶边的超短裙。同样,我们还有自己的瑜伽裤,上面镶着心形公司标志,那时这类裤装还尚未被称为瑜伽裤。女式培恩帽更类似于那种时尚的骑车帽,这样的设计更加有女人味。曾经我有许多次在路上或者机场航站楼被人询问去哪里买这些行头。

人们普遍认为相比于男士的穿着,女士的打扮更能吸引人们的注意。那些穿着紧身上衣的漂亮女士总是人们关注的焦点。当一个胸部丰满的女士从你面前走过,每个人都会忍不住看一眼她胸前的标志。当一男一女一起走进一个房间时,大家总是会首先注意到女士。就算是女人也会先把目光放在女人身上。为了品牌宣传,何不利用这件事来作为吸引人眼球的方法呢?那时甚或现在都没有很多人使用此法。

当然,我们不可能完全控制我们想要表达的信息是如何被传递的。如今我们的推销活动已经扩展到美国全国、加勒比海地区,甚至已经发展到了欧洲。我们在参加每次推销活动时,都会在酒吧或者饭店聘请两名培恩女郎,并对她们进行密切的关注和监督。那条我和裁缝一起完成的小裙子现在已经被批量制成,我们每次买60条送往全国各地用以不同的推销活动。人们都抢着把培恩女郎身上的衣服买下来。

我们尽力去让这些女士看起来时尚性感而不是廉价低俗。曾经有一次，在一次活动当中，我需要把一个年轻女孩推进浴室去洗澡。她那种妓女般的妆容、蓬乱的头发、满嘴的脏话和沾满泥浆的高跟鞋都让人无法接受。我重新给她梳妆，做好头发，擦净高跟鞋，同时，辅导她的举止行为，教她如何专业地交谈。她很感谢这一切。我也被认为是培恩女郎中的一员，幸运的是，这次活动没出什么差错。而那些在偏远地区的活动虽然缺乏监管，但似乎也没什么事与愿违的事情发生。我们需要维护品牌形象。在早些时候，我们必须建立一种姿态，绝不能偏离我们的标准，要永远保持培恩的品质。

随着越来越多的销售人员投入我们的品牌，他们也越来越了解我们非传统的工作方式，我们也越来越能够掌控品牌在全国的形象，我们的努力工作也从很多方面给我们带来帮助。当一个销售代表从芝加哥给约翰·保罗打电话，告知他那里有家酒品商店正在打折销售培恩酒时，我们就能迅速行动，把店里每一瓶培恩酒都买走。幸运的是，那是个新兴市场，还没有太多人知道，所以这家店出货慢是自然的，但是我们最不希望看到自己的商品被贱卖。这是培恩有史以来的第一次，也是最后一次。

独特的逻辑

我们有自己一套独特的办法来激励经销商们把目光从别的竞争品牌上转移到培恩。有些经销商要销售至少30种酒品。马丁将我们产品的价格定得足以使那些经销商获得更大的利润。他做这个决定并非来自他平时的经验，而是出于纯粹的逻辑性和必要性。我们要做一切可以吸引人们目光的事情。每年年末，销售我们酒品的利润总是显而易见的。他们可能卖出更多瓶其他酒品，但培恩一定是在所有产品中让他们赚得最多的那个。这就不难理解为什么培恩会成为他们推销酒品的最佳选择。

我们并不了解商场上这些都是如何运作的。我们只能凭直觉行事，想象着商业运作模式。我们仅仅是有着商业感知力和丰富创造力的聪明人。我们觉得我们想出了一个最符合逻辑的路线，但最终才发现有时情况并非如此。大多情况下，我们虽不那么明智，但我们做得不错。我们不会把自己框在一个固定的标准里。我们甚至都不知道这个框框是什么！与此同时，我们也不是想特立独行，仅仅是想利用我们的资源尽力做到最好。

一种新酒进入市场最大的障碍之一就是登上零售商的货架。如果没有人知道你，而且你也没有客户源，那些零售商是绝对不会把他们宝贵的货架位子留给你，因为他本可以销售另一种已经有稳定营业额的商品。能够与华莱士(Wally's)公司的史蒂夫·华莱士建立联系是我们在销售一线获得的运气，因为他专注于销售那些奢侈品牌，并且有兴趣推介一些令人激动、独特且昂贵的东西给那些在好莱坞都赫赫有名的顾客们。史蒂夫已经卖过一些他认为是高品质的龙舌兰酒，并且他自己也是一个多年的龙舌兰爱好者，但是当马丁策划了那次味道测试之后，我们立即赢得了他的欢心。此外，我们的高级包装也体现着超优品质，当时在他那里卖的另一品牌龙舌兰酒只有一个普普通通的酒瓶。不久，培恩酒就在华莱士公司里取代了其他品牌。

在合适的时机、合适的地点，草根营销以及与后来成为我们朋友和聚会常客的史蒂夫建立良好关系引领我们走上发展之路。华莱士公司是一个展示我们产品最好的地方，这不仅因为它与奢侈品有关，而是因为这个零售商是时尚风向标。许多大饭店、大商场都订阅华莱士公司的最新产品简报，来了解市场里最热门的产品目录，所以我们的产品能够进驻华莱士公司，其影响力远超某个零售通道。一些名人和公众人物都通过阅读华莱士的新产品简报来了解应该购买何种商品或购买何种礼物。

培养良好的人际关系，就像我们和史蒂夫这样，是成功不可或缺的因素。激励我们的销售一线也至关重要，与终端顾客直接接触的销售人员的重要性不可忽视。在我们看来，这群人包括酒保、服务生、餐馆老板和零售商们。这样才能保证我们能给人留下印象。

在短短几个月里，整个洛杉矶地区都知道我们与培恩的关系。这在酒品产业中是独一无二的，因为那时品牌背后鲜有真人出现。这就是最佳销售人员应该做的事：建立人际关系。

在约翰·保罗所涉及的其他行业领域，如约翰·保罗一米切尔公司，他在建立人际关系方面也做得异常出色。在约翰·保罗一米切儿公司展会中，世界各地成千上万的发型设计师都来参加活动。他知道如何让那些一线销售团队感受到被重视、有价值。我们同样也用各种聚会和促销活动来慰问我们销售第一线的员工。我们的策略之一就是为酒保设计激励计划。其他公司都把重点放在销售队伍上,我们也如此,但其他公司并没有重视酒吧人员。酒保每拿来一个培恩瓶塞,马丁就给他25美元作为奖励,这样酒保们通常都能收集一大包瓶塞。

水果味弥漫的推销

我们总能想出许多提升酒吧激动氛围的方法。一天晚上,我们和朋友汤姆·劳和卡罗林·劳躺在玛丽安德尔湾的沙滩上,马丁带着一件非凡的混合物走来。他之前找到一个带钟形罩的罐子,然后把西瓜、菠萝、芒果和新鲜姜切成厚片放入其中,直至装满,然后,他倒入三瓶培恩银酒、一瓶香橼橙味利口酒,把这些水果完全浸没。然后静置在一边。罐底有个出口,从里面流出完全没有酒精味道的液体,品尝起来美妙绝伦。这就像一次灌篮。马丁随即开始尝试将其带入酒吧和餐厅,我们就开始头脑风暴,想着该如何给它命名。我灵光乍现,称其为FIP(水果味弥漫的培恩酒),之后这款酒就一直沿用此名。

在那片沙滩上还孕育出了一轮新的市场活动。酒吧和餐厅都乐在其中。虽然我们的仓库并非为准备食材而建,但是我们还是大胆尝试,请来一些人帮忙削切水果,之后放在成百上千个钟形罩罐子中,最后将其运往洛杉矶培恩各处销售点。这次交易内容是我们提供水果罐,他们购买一定数量的产品,用于制作此类鸡尾酒。当然,人们喜欢FIP,不仅因为其芳香醇厚的口感,更因为这是他们的摇钱树。因为里面有果汁,4瓶酒就可以生产出6～8瓶的FIP。这样,罐子很快就卖光了。由于水果被压紧液化,差不多一个小时之后它们就需要再填满水果。我们只提供最初带有水果的罐子,之后所有的酒吧和餐厅就会在自己的厨房中完成FIP的制作。

其他酒品绝对想不到这样的商业模式,它取得了巨大的成功。人们开始尝试并喜爱培恩酒,尤其是那些开始有点害怕喝龙舌兰酒的人,同时,它也把香橼橙味利口酒推介给顾客,更不用说我们的酒瓶在酒吧货架上还是那么的美观。然而从商业角度来看,我们资历尚浅。在此项目进行6个月左右时,我们意识到不得不密切监管我们最终的消费者们,这令人十分头疼。在有些地方,我们发现水果罐里只漂着几片菠萝。我们还发现有些地方虽然拿走了我们的罐子,但用伏特加来替代培恩酒。这样我们便无法推广自己的品牌。

我们一度考虑将 FIP 装瓶售卖,但在当时,我们缺少一些基础设备,即便我们已经为它取好了名字:培恩悦享。

准备起航

下面再说说另外一个培恩推广活动,这个例子是我们 1991 年所参加的国际游艇比赛。我们再次尽情享受,将无限的热情投入到对培恩的推广,无论是游艇、马球还是我所喜欢的拉丁舞。我认识马丁之前,他就拥有一艘在世界范围内参赛的游艇,所以,当一年一度以纽波特为出发点以昂塞纳达为终点的帆船比赛开始时,我们决定开一艘名叫"滑行舞者"的帆船参赛。这项终点站为墨西哥港口小镇、长达 24 小时的比赛是国际媒体的报道热点,所以这是我们在银幕、报刊和体育杂志上宣传培恩品牌最完美的方式。

比赛在 4 月举行,罗德尼·金(Rodney King)殴打案发生后的第二天,洛杉矶全面暴乱。整个城市实质上处在防范封锁状态。在比赛前一晚,我们开车到达纽波特,还有几个小时就是开赛派对,我们看到许多国民警卫队的悍马车沿着高速公路向另一方向行驶。我们很兴奋逃出了那个地方。

马丁定制了一个(帆船前桅上的)大三角帆,上面用培恩的颜色印着酒品商标。大三角帆是在早晨捕捉微风时才使用的,也正是比赛开始的时间,我们最有可能被所有的摄像师拍到,其中有很多摄像师都会从飞在空中的直升机里拍摄画面。我们船上还有培恩女郎,所以我们的船和全体队员都很上照。

我们的比赛表现差强人意,因为没能很好地利用风向,所以偏离了航道。整个过程有点无聊,我们夜以继日地在海上漂着,速度一点也没增加。除了吃,就是喝,无所事事。但只要我们获得了国际媒体的关注,这次使命就算完成了。

当然,有时迸发的灵感也会让我们吃点苦头。我们曾为经销商的销售团队发起一个为期 6 个月的项目,内容是卖出培恩酒最多的销售人员可以赢得一部印有绿黑培恩标志的哈雷戴维森摩托车。但等到比赛结束时,当时培恩的经销商施格兰公司提醒我们,送摩托车的连带责任太大了。如果赢的人在骑摩托时受伤或者死亡,我们是有责任的。这虽然听起来十分可笑,但法律确实如此。于是,我们奖给了赢家与摩托车等值的现金,而那辆摩托车也成为约翰·保罗最喜爱的玩物之一。

势头改变

总体来说,大多数方法是行之有效的。你生活在这个世界上,就能知晓一个品牌是否正在获得强劲势头。马丁、约翰·保罗和我每一次去餐厅或酒吧都只点培恩龙舌兰。

最开始,服务员的回答都是:"什么龙舌兰?"接下来几个月之后,服务员或酒吧酒保总是会说:"我来找一下"。一年半以后,他们会问我们是要银酒还是金酒。

我们用几年时间就让培恩龙舌兰走向全国。依照酒品行业标准,这个速度简直如火箭升天。起初,酒吧只订一两瓶酒,之后销量增加到一箱,后来一箱接一箱。那时,销售人员就像鲨鱼闻到水里的血腥味一样,更积极地推销培恩。他们知道自己也会是一个赢家。

直到1994年,我们的发展规模超过了占边,他们告诉马丁和约翰·保罗,因为培恩太高端,而他们每年只能卖出两万箱培恩,而实际上我们的市场预期已经超越这个数字。这是我们最主要的分歧。这明显说明,占边并没有认同我们的品牌发展,所以我们还是分道扬镳了。既已向市场提出挑战,那么为何要受制于一个完全缺乏想象力的迂腐老公司?

当然,从一个顶级经销商转到另一个顶级经销商从来都不是一个天衣无缝的过渡。这个过程总会出现一些缺口。幸运的是,马丁和约翰·保罗那时已与美国最大的二级经销商之一:南方酒业公司(Southern Wine & Spirits)建立了联系。该公司在加利福尼亚州和佛罗里达州与施格兰公司合作密切。施格兰则是我们所希望能够合作的顶级经销商巨头。

高大黝黑的陌生人

在我们与酒仓库公司结束合作不久之后,也就是在和占边开始业务之前,约翰·保罗有远见地带着靓丽的埃洛伊丝登门造访了泰德·辛普金斯(Ted Simpkins)位于洛杉矶的办公室。泰德那时是南方酒业公司的总经理。为了这本书,我采访了他,泰德用生动的细节再述那第一次会见。当你看到约翰·保罗时,总是难忘他那神气活现的表情。他走进大厅时,泰德的助手尼基不知道他是做什么的。

"辛普金斯先生,这边有个奇怪的陌生人想要过来和您谈论一下龙舌兰酒,但是我不确定该不该让他上来。"她在前台给他打电话。

"怎么奇怪了?"他问。

"哦,他有个长马尾,穿一身黑。但他身边有个漂亮女人。"

泰德说:"让他上来吧。"

约翰·保罗自我介绍之后,给泰德看了一个标签歪扭的瓶子。这个瓶子应该是以前的旧货,因为那时我们还在设计包装。但是泰德并没太注意,因为埃洛伊丝坐在保罗旁边,准确地说是右手边,他无法把眼睛从她身上移开。约翰·保罗那个狡猾的"老狐狸"完全了解他在做什么。

他开始了他的说教,首先怂恿泰德浅尝一下那瓶瓶身不太完美的培恩酒。当然,泰德立刻就被惊艳到了。作为一个商业老手,泰德比其他人都要了解,现在正是一款高端龙舌兰酒崭露头角的时候。他曾经听无数酒保、酒侍说他们有兴趣卖高档龙舌兰酒。但他还是有所顾虑。

"你真够胆量!你的龙舌兰酒价格是这市场上其他酒品的两倍。"他对约翰·保罗说。

"克林特·伊斯特伍德(Clint Eastwood)喝这个。"约翰·保罗回答。

"哦,那他是自己购买的么?"

"是的。"

泰德最后同意合作。南方酒业公司在当时是个很有发展潜力和进取精神的公司。他挺欣赏马丁与约翰·保罗的胆识,以及他们不走寻常路的处事方式。事实上他们现在做的事情意义非凡。他同时也有种能从我们的高定价中获得更高利润的预感。

我们选择了一个最佳联盟。泰德从1971年开始进入烈酒销售行业,他从经验得知这是一个关系起决定作用的行业,而这一点正是马丁跟约翰·保罗本能所理解出的。尽管大型烈酒公司频繁更换龙头地位,战壕里的销售代表们永远都是一群人。

"我们的行业属于三类学生。"泰德喜欢这样说。他把这当作一种赞扬。换句话来说,不管销售人员拜访的是一个法国餐厅还是一个脱衣舞俱乐部,这些地方的老板们都是每周工作80小时、白手起家的企业家。他们没有哈佛MBA学位证书或者信托基金。更多情况是，他们是苦干多年，一步一步向上爬的酒保、酒侍、饭店经理甚至是鸡尾酒侍应。他们比任何人都要欣赏那些懂自己故事又合作多年的销售代表，并珍惜与他们之间的人际关系。这种关系比任何昂贵的广告活动都重要，它决定了这些人是否会在他们的地盘给新产品一个机会。这从禁酒令开始便一贯如此。

马丁跟约翰·保罗每天都坚持着这种信仰。约翰·保罗通过亲自了解购买其产品的美发沙龙所有者、设计师们的喜好建立了他的美发事业。马丁在建立培恩品牌时也如此。我们销售的对象是个体，而不是连锁店。作为一个越来越知名品牌的共同创始人，马丁已经从这项事业中获得了巨大财富，约翰·保罗也被认为是美发行业的显要人物。但是他们从不介意在酒吧里坐下跟他们的顾客喝杯酒。他们让自己变得容易接近。这一点深受销售人员的喜爱。这对于一些拥有流行品牌的商业巨头来讲太不寻常。

定时炸弹

深入到顾客群中通常要花费大量的时间和精力，这对马丁来说还意味着健康的耗损。他最大的秘密是他的心脏有问题。他有许多可以让自己慢下来放松身心的理由，其中还包括这个事实，他已经失去了一个肾。心肌问题让他变成一枚"定时炸弹"。他的心肌太虚弱了，心脏已增大，心脏瓣膜无法完全闭合令血液回补，这意味着心脏无法将血液充分地供给全身。

在我们交往初始，他没打算告诉我。但是几个月后，当他心律失常并需要心肺复苏时，我才知道。刚得知这个消息时，我感到极度恐慌。失去这个男人，这个一生至爱，是我无法想象的。

介绍我俩相识的朋友帕姆向我吐露了真相。我对马丁向我隐瞒这个状况非常愤怒。他本应该听从医生的戒酒要求，那次吓到我之后，他在饮酒方面有了节制。但这让我们都陷入一个困境。

在烈酒行业，你需要出现在公众当中，让其他人看到你在享受自己的产品，但也不能太过，适度是必要的。在他不喝酒的那段时期，马丁和我导演了一出默剧，他接受别人倒来的酒，然后我俩偷偷交换酒杯，我替他喝，如果我已经喝得太多，那就乘没人注意时把酒倒掉。在我们的晚宴派对上，到处都是绝美的酒品，我们就这样蒙混整晚。

但是这种滴酒不沾的日子只维持了几个月。在这个行业,马丁被太多诱惑所包围。当然,在他心脏再度出现问题之前,他有点打算屈服于这些诱惑了。另外,企业越做越大所带来的商业压力也令他的健康雪上加霜。

大联盟

当我们周旋于顶级经销商之间时,就没法把培恩酒直接送上货架。到1995年,我们的培恩酒已经堆到货仓都放不下了。但是因为既已答应买下工厂的所有产品,我们无论如何都要把货品全部买下。过去几个月,库存花费巨大,而市场停止供应培恩酒。我们迫切需要一个顶级经销商构架一个覆盖全国的销售网络,而且越快越好。

通过南方酒业公司,我们最后与施格兰公司建立了业务关系。1995年马丁正在同时洽谈经销商事宜以及在墨西哥建立龙舌兰工厂的合作事宜。当施格兰公司开始表露出要和我们签署合作意向的时候,我们狂喜万分。

我们认为,最后我们终于完成了一个大联盟。

酒品产业在经过长时间整合之后,现存的合作方寥寥无几,所以当施格兰公司最终回应了我们的意向之后,这简直是天助我也。但是我们已为赢得其合作花费太长时间。合同商议过程挺残酷的,在经过9个月的反复之后,我们好像也没什么其他选择。从酒吧到烈酒销售点,人们极度渴望购买培恩酒,所以我们必须在这股势头消失之前把产品送达他们手中。

我们当时也有些幼稚,而且合同并没有完全体现出我们的观点。我们得出一个教训:当你和一个经销商签署合同时,他们对你所承诺的应该还包括其实际销售的最低量,而不仅仅是最低购买量。在许多情况下,我们被逼得只好听其摆布。马丁呢,虽然也不是一个容易打败的对手,但这次他的火力被压了下去。

马丁的心脏问题日益严重,我都可以感觉出他心跳失律。他又饮酒了,体重开始增加,他有时睡眠时出现呼吸暂停。每晚,我睡觉时都把耳朵靠在他的胸上来确保我可以听到他心脏发出稳定地嘭嘭声,让我知道他没事。他第二天能醒来都是对我的安慰。

而这才是心痛的开始。

插　图

图一　马丁和我，像往常一样深情拥吻（20 世纪 90 年代中后期）

图二　马丁和我在玛丽娜半岛海滩的家里（20 世纪 90 年代初）

图三 希瑟(Heather),最早的培恩女郎之一,手拿培恩初期带玻璃塞的酒瓶(20世纪90年代初)

图四 两个培恩女郎,克里斯汀(Christine)和我,与马丁在培恩所赞助的竞技活动中(20世纪90年代中期)

图五　在朗姆酒厂工作一整天后,马丁和龙舌兰酒大师弗朗西斯科·阿尔卡拉斯在安圭拉岛的海滩上(20世纪90年代中后期)

图六　我和约翰·保罗·德约里尔以及他的妻子埃洛伊丝在伯班克马术中心(20世纪90年代中期)

图七　在夏威夷的体育名人邀请赛喷气式滑艇赛中，有培恩女郎、马丁和我，约翰·保罗以及一位姓名不详的绅士(1995)

图八　马丁的纪念照片——我一生的挚爱
（在他最好的状态下所拍摄的纪念照）

图九　风歌庄园,我们在蒙特西托的家,亦是位于加利福尼亚的培恩总部(1995～2001)
　　　(在风歌庄园,从我们的泳池可以展望美丽的太平洋,这张照片我百看不厌)

图十　培恩酒瓶——从早期的玻璃塞版本(左二)开始培恩酒瓶的演变

第六章　高品质生活

早在与施格兰开展业务往来之前,培恩公司已经在世界上崭露头角。在玛丽安德尔湾(Marinadel Rey)一起生活了五年之后,我们决定搬往蒙特西托(Montecito)的风歌(Windsong)庄园,在那里,我们拥有一处可俯瞰太平洋的绝佳房产。当我们还在洛杉矶时,马丁亲眼目睹了驾车枪击事件。这就是我们为什么决定搬走的原因。还有,我们已经有能力过上更好的生活。那时,马丁和约翰·保罗已经把培恩经营成营业额达数百万美元的公司。尽管公司在物流等方面还存在很多问题,但其销售额仍连年翻倍增长。我们真切地感受到生活的富足安逸。

起初,这种投资对我们来说也是一种压力。1995年,也就是培恩诞生的短短几年后,还有几个月,我们就即将完成与施格兰的谈判,现金也将源源流入。我们亲爱的朋友沃里克·米勒(Warwick Miller)为我们提供了一个在年内还清的贷款,这样,我们就可以将我们在风歌庄园所需要做的一切变为现实。

一切都非常完美,因为当时我们最亲密的朋友沃里克夫妇的家也在西海岸蒙特西托附近。所以我们的邻居与熟人都共享为彼此的。在那里我们不需重新开始。我们已经有了现成的晚餐客人名单。令人难过的是,米勒一家在不久之后就搬回澳大利亚了。然而,沃里克经常在回纽约的途中与我们重聚,总归有地方能招待这个老朋友。

当我们踏上这块土地时,我们感受到它的魅力。它将成为我们的家园,同时,它也将成为培恩在西海岸的总部。这里将是孵化我们品牌最绝妙计划的摇篮。我们想不出更完美、更鼓舞人心的总部位置了。工作和生活已经交织融合。我们决定让风歌庄园成为培恩品牌的一种延伸,一种代表我们生活的自然象征。

这片地产有一种莫名的能量。它位于一座小山丘上,在那你可以180°俯瞰太平洋;这是一种你所希望能够在法国里维埃拉六星级度假村里倘佯时所得到的即视感。这里有一个巨大的鲤鱼池,波光闪闪,里面有各种颜色的鲤鱼,它们肯定值不少钱。同时,这里还配有宽敞的宾馆、游泳池、一汪湖水、随处可见的花园果园。从里至外,这个地方从各个方面来看都蔚为壮观。

其中最完美的莫过于一个毗邻主屋旁边斜坡上的巨大温室。当初购买此房产时,温室还只是一片废墟,但它却点燃了马丁的想象力。他花了几个月时间来设计、翻修,使它成为一个华丽的展品。这是一间办公室,但绝非普通的办公室,这里布满了茂密的热带植物,伴随着从室内鱼池瀑布里传出的舒缓流水声。阳光射进玻璃,石头覆盖在像帆布顶棚一样的阴影之下。这里有18英寸厚的石墙,墙上宏伟的圆形玻璃雕刻着培恩的蜜蜂标志、一个巨大的壁炉、茂密的植物叶子以及海洋。鲤鱼池尽头的两块垫脚石通往接待处,而这正是通往马丁办公区的唯一通道。办公区像一个真正的日本禅宗花园,马丁和他的两个助手在里面工作。它与传统意义上的品牌总部大相径庭。走在这里的人们无不被它的美所感染,并深受启迪。

主屋并不是本地区典型的庞大高楼,但是每个房间的规模以及一整天不同时段的采光都非常好。当然,厨房是美食烹饪家的乐趣所在,也是我们家温馨和欢乐的中心地带。房子有一个开放式楼层设计,周围的景色可以一览无遗,非常适合娱乐活动。往西边望去,越过游泳池,你可以看见悬崖和大海的全景图。往东边望去,你可以看见屋子背后直面山群以及柔和碧绿的波浪状山丘。在无数个满月的夜晚,我们躺在床上看海面上舞动着的明光。

自搬进来的那一刻起,马丁和我就开始着手做我们最钟爱的事情——设计。与所有其他事情一样,合作天衣无缝,我们把新家整修成一件艺术品,用白色的颜料粉刷它,用天然有色织物和华丽且异国情调丰富的木件来装饰它。这些木件都是马丁从来自墨西哥的一个工匠创作室里搜寻来的。其他人都认为我们一定花了一大笔钱,但事实并非如此。因为,我们知道从哪里可以找到最好的东西。

在庭院里,我筑了个蜂巢,种植了些瓜果蔬菜,养护了蕙兰植株。

我们没有忽略任何一个小细节。新家的每一寸土地都成为我们热爱以及悉心照料的对象,这样风歌庄园才能成为表达我们对生活和谐与美好的外在呈现。任何一个来到此地的人都会立刻被这种特殊的力量所感染。

提前退休

每个人都喜欢完成目标的感觉,我们也不例外。这并不是说我们已经是百万富翁了。我们确实也不如许多朋友邻居那样富有。但我们的生活极为安逸。钱已经不再是问题,我们可以放纵,也不用担心会倾家荡产。这就是我们所需要的。

然而,积习难改。我仍然小心谨慎。在搬入新家不久后的某一天,我正与马丁坐在游泳池旁时,他突然转过头来问我:"你为什么还在从事你的金融工作?"

"为了钱。"我回答道。

"我们并不需要它。从那份工作中抽身,这样,你就有充足的时间打理培恩。"

我很高兴地同意了,但还有另外一件事情。婚姻对于我俩来说并不重要。我们在很久以前都结过婚,都离过婚,也就是说该经历的我们都经历过了。但是随着周遭环境的变化,我开始感到些许不安。当我们在谈论此话题的时候,我决定要说点什么:

"亲爱的,并不是说我想要结婚了,但我至少想知道你是否愿意和我结婚。"

"伊拉娜,你在说什么?"他回答道。"你是我的生命。再也不会有任何人出现在我的世界里。我们是一体的!"

"是的,我知道,但我们已经买了这个房子,而我现在也将结束我的工作。我们应该让有的事情发展得更稳妥些。"

"那你怎样才会有安全感?"他问。

"好吧,有关培恩的一切都没有出现过我的名字。"

"也没有我的名字呀,培恩的一切都是公司的。我们所拥有的一切都融合在一起;甚至连婚姻都不能使我们的关系更加亲密了。"他说。

在我看来，这就足够了。

培恩女士

我开始全身心投入公司的事业中。在我看来，我们现在已经是培恩夫妇了。这就是马丁想要的。经历并实现他的梦想，让我感到激动。现在它也已经成为我的梦想。将龙舌兰酒公司发展成为这世上最为成功的超优质酒公司是一段多么有趣的冒险，我希望能一直注视着它的成长。我们的客户理应受到最好的关照。伦恩，我的姐夫，近年来一直担任财务顾问，所以，我把客户交给他。在培恩销售不断扩大时，我就有多余的时间专注于业务上的细节，这些都是马丁没时间去关心的。

无论何时，无论何地，我一直尽力去宣传这个品牌。在扩大培恩酒的知名度上，我们开始向蒙特西托和圣巴巴拉地区的酒吧和饭店推介产品。然后我们在遍布加利福尼亚海岸的很多区域举办品酒活动，并确保每个货架上都有培恩酒，就像我们之前在洛杉矶推销时所做的那样。这些都是推销酒品必须做的。

从那时起，在高档场所，我们已经得到诸多关注。事实上，我们无需从头去培养一个人的喜好。培恩一流的味道已经被人们所熟知。但是我们要让培恩以一种出乎意料的方式展现在世人面前，不论是在当地的超市还是在高级餐厅里。在超市，商人、顾客、售货员招呼马丁似名人一般，并且会向他索要签名瓶；高级餐厅是名人和上流社会人士聚集用餐的地方。无论在何地，我们都决定要利用好时机展现培恩酒带给我们的美好时光。

马丁把骑术课当作礼物送给了我，我因此融入了当地与马有关的圈子中，并与我的骑术教练成为好友，她是一位来自挪威的美女妮娜·斯维勒（Nina Svele）。马丁曾经拥有许多阿拉伯赛马，并且对与马有关的一切都充满热情。所以，当1999年圣巴巴拉举行世界马球锦标赛时，他参与成为主要企业赞助商也就不足为奇了。就像快艇竞赛，那会是在国内外媒体面前展示培恩酒的另一个机会，为此，我们带来了6名不同风格的培恩女郎，在这两周内帮助促销培恩酒，同时，我们还为运动员和宾客搭建帐篷，为他们提供不同种类的培恩酒。当然，妮娜是位完美的大使，她是通晓现场的优秀骑手。在我们的贵宾帐篷里，她玩得很开心。最终，巴西击败了阿根廷赢得了比赛的胜利，那些激动的年轻拉丁人,穿着溅满泥浆的骑士皮套裤,举杯欢庆。妮娜为他们奉上冰镇的培恩酒,他们作为回报,向妮娜喷射凯歌香槟,并将她抛向空中欢庆。她并没有为此抱怨。我猜测她还从这让人羡慕的画面中得到了几次约会邀请呢。

乐趣和魅力成为品牌的象征,但是培恩给人带来的生活方式也可以类似于在家招待客人一样简单,那是另一种我们所喜爱的家庭活动。我们定期举行晚宴派对,客人们对马丁的美味佳肴和培恩调制饮品赞叹不已。人们在几年以后还会回忆起那些盛大的派对。我们的厨房就像是一个实验室,在那,马丁既是厨师,也是调酒师(早在调酒术成为一个术语之前),不断为顾客提供新品,例如培恩玛格丽塔。

不像由酸橙制成的传统玛格丽塔,培恩玛格丽塔由一种叫作 Squirt 的柚子汽水和一杯培恩香橼橙味利口酒调混而成。柚子汽水的气泡让人觉得好像酒精快速融到血液里,给人带来极速快感。

用酸橙调配玛格丽塔的想法实际上来源于墨西哥传统使用柠檬的配方,他们用的柠檬不是普通的酸橙或酸柠檬。既然我们在美国无法获得墨西哥的柠檬,我们就想出了替代方法。马丁的新版酒品比起那些酒吧里经常会供应的烧心酸橙饮品少了苦涩味和柑橘味,而是补充了培恩龙舌兰银酒的纯正味道。这个想法创意十足,因为酒吧销售的目的就是为了让顾客们能够喝尽可能多的酒。酒品越醇和,越多的人就会喜欢喝。虽然有时不能获得 Squirt 汽水,但是许多酒吧也学着我们的调酒方式,调制出更醇厚、更柔和,更香甜的培恩玛格丽塔。

实验室

在厨房里,马丁使用培恩香橼橙味利口酒就像意大利人使用橄榄油一样。他相信所调制出来的酒会给人带来健康。我们还一起创造出一些特色甜品,比如培恩冰沙、饼干和酸橙派。培恩酒也被用来做沙拉和酸橘汁腌鱼,它是香菜、青柠、国产牛油果等材料的完美搭配。在同居几个月之后,我们有机会在马丁的生日派对上介绍自己,展示我们的创造力以及品牌。这不是一个惊喜派对,因为我也有过惊喜派对的经历,在我看来那是一次奇怪的体验。要给马丁一个惊喜不太容易。再说,他的办公室正在改建过程中,他选择了一间客房住宿,并作为临时办公室。所以我要告诉他客人们正在赶来为他庆祝生日。

"马丁,你什么时候结束工作呢?"我问他。

"我不知道,宝贝。快了吧,怎么了?"

"哦,你最好尽快为你的生日做准备,因为客人们正在赶来的途中,他们其中有人需要晚上睡在你的临时办公室中。而且我保证你会乐意顺便展示一下你的新办公室。"

正如他所意。马丁最喜欢炫耀住所,所以办公室一定会及时修建好。大约有来自世界各地的八十多位客人将为他庆生。但是马丁不知晓我为他准备的部分。当他出门时,我在墙上挂着的黑色布帘上挂满培恩绿彩带,把小型的黑色穿孔卡放在每个角落里,客人们可以用白色铅笔写几句关于马丁的话,之后我们就系在那块布上。有一个站台可以让客人们看到新鲜的去壳生蚝。我雇了一位顶级日本大厨,搭建了寿司吧,在那可以享用新鲜的生鱼片和寿司卷。在饭厅,我准备了一张餐桌,上面都是出自著名糕点师傅手艺的甜点。但真正的享受还在后面。

在刚到风歌庄园的最初几个月中,我们逐渐熟悉了位于圣巴巴拉的一个叫作薄荷犀牛的场所。那是当地一家脱衣舞俱乐部,其中一个叫艾琳(Erin)的女子在那工作,她美丽优雅,我们决定雇她为培恩女郎。我这次去俱乐部还雇了一些舞者和主角艾琳一起表演,这个安排是为了在马丁派对上夺人眼球。

太阳落山了,温水池中冒出了水汽,客人们在远处观看女郎们坦胸跳舞,她们的风姿在月光和薄雾的映衬下就像美惠三女神般美丽。在房子的另一边,客厅的落地玻璃门打开了,通向庭院,因为先前的主人养过鹦鹉,所以庭院里留下了一个庞大惊人的鹦鹉笼,由白壁和曲杆构成,女孩们最终在那里结束了表演。她们可都是具有异国情调的独特女孩。当马丁最喜爱的音乐响起时,美丽的歌舞表演者将派对带入了高潮。

此时,我安排艾琳悄悄进入饭厅,蹲在糕点桌下,桌上有一个假的生日蛋糕,我让人在桌子中心凿了一个洞,在桌下附了个手柄。点燃蜡烛之后,我让众人们聚集起来围着蜡烛唱生日快乐歌。随后,马丁吹灭蜡烛,突然,那个假蛋糕被举了起来,艾琳裸着身子出现了,只穿了双黑色细高跟鞋。她走出来,在甜点里拾起一颗草莓,把它浸在巧克力酱里,诱惑地把它舔掉,然后再完全浸在巧克力酱里,再把草莓喂给马丁。我之前已经在蛋糕后面安排好三个装有红色、白色和蓝色的颜料托盘,每个托盘都有一个迷你滚筒。一首性感火热的歌响起,艾琳开始

第六章
高品质生活

跳起我早些天精心编排的舞蹈,滑步靠近颜料盘,然后把她的左胸部绘成蓝色。一会儿,她又走回到颜料盘附近,在她的身体上画了三个红条纹,其中一个在她的右乳房上。曲尽之时,她回过头来于红条纹中间画了白条纹,于右乳房上画了几个小斑点。马丁和我们的客人看见美国国旗的时候立即变得狂热起来。就在这时我扔给她一件宽大的白衬衫,她把衬衫铺开在地面,然后把画在身体上的国旗印在衬衫上面。随后,艾琳把自己亲手印上国旗的衬衫递给了生日主角马丁,他当然欣喜接受。

剩下的裸体女孩也走向前来,开始和客人们跳舞。我那处于青春期的外甥们大饱眼福。在晚会快要接近尾声的时候,这些女孩跳起了膝上舞,一些女人也为她们的丈夫跳着热舞。尽管这并不纵情放荡,但还是有些人因为不太喜欢而离开了。这就是当时在圣巴巴拉的我们。

不可否认,那时我们有点被冲昏头脑。沃里克经常提起我们四个人去北美最好的酒店之一圣思多罗牧场酒店吃晚餐的那段时光。等到沃里克和他的妻子来接我们时,马丁和我早已经品尝了好几杯培恩鸡尾酒了。我们咯咯地笑个不停,这可把沃里克也逗乐了。

当我们到达餐厅时,我们必须要注意自己的形象,因为我们被直接领到餐厅的露天阳台。没有人比我们更格格不入的了。马丁很少感到愧疚,看看他的黑长发、黑衬衣、黑色的晚礼服夹克和牛仔靴,活像一个过时的摇滚明星。而我看起来则像他的疯狂歌迷,一个具有波西米亚风情的时尚金发女郎。而其余的用餐者则是传统守旧的圣巴巴拉居民。那是些穿着莉莉(Lily Pulitzer)品牌裙子的女人们,她们的男人都是清一色的制服,活动衣领的衬衫,蓝色夹克衫以及卡其裤。我们想餐厅领班可能觉得让我们坐在外面更安全些,因为远离其他人,他也有可能仅仅是想让马丁和沃里克的香烟吹散在屋外。我不确定我们的这般状态是否被允许,但好像也没有人前来阻止,毕竟我们点了菜单上面几乎所有的东西,包括昂贵的古董酒。

偶然间,马丁转过身一看,发现里面很多客人都十分惊讶地盯着我们。我们被当成笑料,这太有意思了,我们纷纷忍不住发出了无奈的笑声。这就是我们那时所谓的高品质生活。

严肃的正事

与表外表相反的是,我们90%的时间都在做着严肃的正事,即便是我们在娱乐自己或他人时,我们也都抱有目的。

随着生意的成倍增长,我们这场以有趣无知而开始的探险逐渐成为一项严肃的事业。我们想要继续经营这个品牌就必须更为机智,更加成熟。我们意识到我们有潜力变得更庞大,但是,当你面对的是消费品,并试图走上一个台阶时,增加投入是必需的。当然,马丁做这件事不单单只为了好玩有趣。但人不能只追逐金钱。即使在高度发展的阶段,也没有什么事是仅仅为了钱。我们必须不断加料,扩大投资,而不是纠缠于每天到底卖出多少产品。这事关维持一种平衡,即得到乐趣和对眼下细节的关注。

只要你稍作规划,每个月的账单就不会有太多出入。我们总是知道我们什么时候该付钱,该付多少,包括包装、工厂、工资、运输等各个环节。我们就这样管理财务,轻松地处理好每项开支。相比我们的竞争对手,我们在经营生意上花费不多。我们以很好的价格获得了自己的仓库,既省去储藏费用,又可以做办公室。公司员工也不多。每次找到一个更好的经销公司,我们就得到更多的销售收入。这些更多的现金被用来塑造品牌,扩充生产力,以抵御那些对生产造成持续麻烦的不确定问题。

干旱与疾病

适当积累一些财务资金作为缓冲本就无可厚非,这世上总是存在一些潜在的灾难性问题。在1997年,一场严重的龙舌兰原料短缺致使龙舌兰生意陷入危机。根据当时的报道,大约1/3的龙舌兰植物因为疾病或环境破坏而被彻底毁坏。与此同时,当龙舌兰烈酒即将繁盛之时,许多农场主转而种植替代作物,从而导致原材料严重短缺。除此之外,这不幸之事还有一个人为因素:金快活公司。

由于纯正的龙舌兰酒很昂贵并且生产困难。一些生产商就用其他材料来替代,像谷物酒。金快活作为世界最大的龙舌兰生产商也曾遭受质疑。从严格意义上讲,只有酒中糖分至少有51%来自龙舌兰属植物,这类酒才能被称为龙舌兰酒。龙舌兰酒巨头被怀疑也不足为奇。虽然最后未被证实,但墨西哥龙舌兰酒监督委员会根据金快活公司购买的龙舌兰植物数量估算出其酒品中的龙舌兰植物含量不可能达到最低要求。据我所知,龙舌兰酒监督委员会给了金快活6个月时间,责令其将龙舌兰植物含量提升至标准水平,否则就要将商品中龙舌兰的名称去掉。金快活做出应对,像它这样一个财力雄厚的大公司,很快就成为龙舌兰植物的主要投资方,并竭尽全力买断了所有的龙舌兰植物。我仅能猜测这一行动是试图去掩盖他们的罪行以及让人难以去估算他们实际上使用了多少龙舌兰植物。但是此举后果则是阻断了市场上可获得的龙舌兰植物供应。

于是,整个行业陷入困境。偷盗龙舌兰植物的情况比比皆是。据说金快活公司必须雇用100多名保安去保护那些种在田地上的珍贵植物。它们变得如此稀缺,以至于被称为蓝金子。其他人由于得不到龙舌兰植物,一些小型品牌纷纷消失。

对于龙舌兰行业来说,这是一场完美风暴:由于疾病和严寒,越来越少的田地用来种植龙舌兰植物,而剩下的植物又被一个大公司所囤货。这在很长时间上搅乱了龙舌兰酒市场的秩序。龙舌兰植物需要很多年才能生长到适合采收的尺寸以及合适的糖分含量。因此,供应问题绝非一时半刻可以得到调整。因此,一些铤而走险的龙舌兰生产商在5～6年的时间就收割农作物,而其糖分含量还远未达到应有的水平。

但从很多方面来讲,这个灾难也让我们受益。工厂所有者中的一位家族成员和这个镇子的前任镇长结了婚,而他恰好有一块种植上等蓝色龙舌兰的田地。他绝对可以说是在墨西哥少有的几位不愿意把地卖给金快活公司的人,所以从这个角度来讲我们拥有得天独厚的供应商。

商场如战场,总有些事出乎你的意料,当然也有很多你力所能及的,比如,你可以使自己的生意避免受到外部消极压力的影响,这也就意味着你要与供应商建立牢固的关系或者积累雄厚的资金来度过风暴。幸好,这两者我们全都做到了。

屹立不倒

当然,我们首先要注意的是龙舌兰供应。从1997年到2000年,龙舌兰的价格已经翻了三倍，但巨大的投资是非常值得的，因为龙舌兰的短缺大大提高了我们在市场上的份额。几个月来，我们可以看到市面上龙舌兰酒的精品牌子浮浮沉沉，只有很少新贵能坚持到现在。作为绝对少有的能够坚持生产特优质龙舌兰酒的生产厂家，我们不仅存活下来而且生意蒸蒸日上。事实上，培恩在供应短缺的前提下仍秉持其一贯对品质的高标准严要求，这种行为不仅奠定了坚实的消费者基础，还提高了品牌在整个国家新兴市场中的声誉。

此时马丁做出一个特别明智的决定：他引进了装在法式白色橡木桶6个月的培恩龙舌兰金酒（Reposado），此酒品有别于需要陈酿一年时间的培恩陈酿酒（Anejo）。最终，银酒的销量也确实超过了陈酿酒——这种在龙舌兰酒行业历史中出现的第一种酒品。但是在酒类销售最初的几年，金酒、银酒的销量几乎持平。人们过去似乎更喜欢因为长时间发酵而拥有滑润口感的陈酿龙舌兰酒，但是培恩银酒也具有同样近乎完美的香醇口味。所以，酒品的选择大概只能通过个人喜好来解释。

我比较喜欢银酒更加清爽的口感，但也有很多人欣赏陈酿酒琥珀般的色泽和更呛口的橡树风味。金酒为顾客提供了另外一种选择。当你的品牌受人追捧，绝对可以多加几条产品线，而且与陈酿酒或金酒相比，银酒产品的制作时间缩短意味着我们能更快地占据更多的龙舌兰酒市场。这只会成为我们在龙舌兰危机中的优势。

枝繁叶茂

同时，我们与施格兰的合作也进入了蜜月期。考虑到背后大量的资源供应以及我们由于扩大销售而产生的额外收入，马丁决定是时候在其他方面扩展业务了。在高端品类中开辟一条优质产品线是他一直以来的梦想，我们刚好可以将有关重新定义龙舌兰市场的知识应用于新产品中。以朗姆酒为开始小试牛刀是最合适不过了。销量排在伏特加之后，位列第二的朗姆酒虽然古老却也能有更大的发展。而且这种同样产于加勒比岛的酒品是由当地的农作物蒸馏而来的，它们被来自新世界的殖民者和商人发现并带到世界各地。朗姆酒通常和其他酒混合饮用，但是马丁决意要做出一些改变。他希望把来自西印度群岛最佳的陈酿朗姆酒混合在一起。

要开发新产品就得去各地采风。马丁喜欢加勒比岛,而且我们也酷爱探索当地文化,因此开始一段全新的冒险对我们来说十分刺激,从委内瑞拉到圭亚那,我们去寻访一家又一家小型朗姆酒工厂。我们喜欢称它为第二个家,这也是我们在安圭拉建造基地的另一个理由。我们知道将要在那儿花上很长一段时间,所以在海边买下一块地产。马丁在安圭拉岛建立了一家酿酒、混合和装瓶工厂,并专门邀请弗朗西斯科飞来监督工厂的整个制造过程。安圭拉岛新建的这家朗姆酒工厂为当地创造了第一个没有浪费和污染的新"工业"。在此之前,当地仅以旅游业为生,因此我们深受当地政府的喜爱。

培恩莱特朗姆酒(Pyrat Rum)就这样诞生了。培恩莱特采用岛上最好的原料,因此酒品口感滑爽丰富。该酒品问世后,马丁为它取名,他选择了海盗的旧时写法以此来唤醒人们对朗姆酒最初出现时的印象。他所设计的酒瓶胖墩墩、圆鼓鼓的,带有木塞,仿照19世纪朗姆酒经营者和运输船长所使用的形状。每一个培恩酒瓶也都是人工吹制而且进行编号的,因此很快成为收藏者的宠儿。我在瓶颈处加了一条落日橘色的绸缎带,使它看起来比培恩龙舌兰的带子更加时髦,上面镶有金属弥勒佛(Hotei)画像。马丁和我之前发现并购买了一个大约高30英尺、漂亮的木雕(hotei)。其图像后来就成为了酒瓶上的标志。Hotei是日本七位幸运神中的一位,代表了餐饮店和调酒师的守护者。

副总厨

仅就销售而言,我们在几个月之内变得越来越强大。不像其他酒类企业——每一种酒品都被笼罩在一个大品牌之下,这些大品牌如金快活、百家得、杰克丹尼尔和斯米诺。我们以适合自身发展的稳健速度不断成长,坚决保持小企业所具有的创业精神。成功一部分原因在于我们没有坐等其成,或者说被任何一个酒业巨头所收购,我们不想像其他很多精品品牌那样——初尝甜头就被吞并。

当成百上千的追随者崛起又快速落寞时,我们仍靠独立自主坚持着。这使我们能够迅速敏捷地回应市场上的各种挑战。更为重要的是,我们一直和品牌所传达的信息保持一致。一个曾经在南方葡萄酒烈酒公司工作的朋友泰德·辛普金斯曾经告诉我(现任职于扬市场公司),那些大型酒品公司存在一个问题:他们每两年就会更换市场部经理。这些新人没有在任何一家酒品牌公司的工作经历，但他希望打乱旧的市场战略，设计出一套全新的方案，从而使自己扬名立万。然而公司所传达出的这种缺乏连续性的信息会使消费者感到困惑。

在培恩，一直只有我们。马丁仍继续掌控全局。当然，当公司规模不大，并以成倍的速度成长时，就会出现很多挑战。如果可以选择复制，我们早就这样做了。全新的地址，全新的产品和一个野心勃勃的销售蓝图，这也就意味着马丁和我要经常出差。公司仍然只有几个人在忙碌。这让我不得不兼顾其他额外的执行细节。在我看来，我是马丁的副总厨。他总负责，但如果有什么需要切、剥皮或者焯水，那就是我的工作了。有时，财务、设计操作系统、监管工资、雇用和培训公司人员还有回复大量来自培恩客户和粉丝的邮件和信件，这些也都是由我来负责的。

我同样积极参与决策。从早到晚我们都在工作中生活、呼吸，但到了某个时刻，我们也会在特殊时刻提醒自己谈论点别的。尽管面对诸多挑战，我们仍然享受培恩与彼此所带来的美好时光。我们之间不是竞争关系。马丁对于我的贡献表现出极其的自豪感。无论是一次巧妙的邀请，还是我所布置的花束，或者是我制作的甜点，他都会向所有晚餐客人夸赞我做的每一件事。我甚至不用在他周围都能听说，因为如果我在其他房间，我的好朋友妮娜也会常向我汇报马丁这位最强拉拉队长向大家诉说的那些事。他就像一个自豪的父亲，而这也正是妮娜欣赏他的原因之一。

大部分夫妻不会过着这般共生的日子，并且这种状态从根本上来说也许并不那么健康，但是对于我们而言却并非如此。我们的私人生活、生意事业、金融理财，所有的东西都无缝地贴合在一起。马丁曾说，我们是一体的，在我们生活的各个方面都不存在边界。我们没有固定的角色，也不会在分开的角落里生活与工作。

市场营销或促销活动的筹划、广告设计、产品包装以及免费赠品等活动都带给我极大的乐趣，这些事使我在创新方面不受任何约束和限制。那些聚会让顾客和销售代表体会到自我价值和感激之情。这个队伍里的人有时不得不卖各种竞争产品，其他的竞争产品大多来自缺乏个人联系的大公司，所以为了争夺酒品商店货架的空间，并在这些竞争中脱颖而出，用当下的时髦方法邀请和款待大公司中的销售代表极为重要。

第六章
高品质生活

　　我最喜欢的项目之一是1999年在圣塔莫尼卡机场的巴克机棚(Barker Hangar)展馆举办的"品味魔力"仪式。这场仪式是我们首次赞助的广告宣传活动。我们拥有35 000平方英尺的空间来开展此次活动。这项任务需要提前计划几个月,这着实令人怯步。我们当时预计加利福尼亚州超过7 000个零售商和销售代表会参与此次活动。我们希望自他们走进这片区域的那刻起便将我们的品牌与经典、美丽和乐趣联系在一起。从桌面到屋橡,培恩与众不同的绿、黑和银的色彩萦绕着整个场地。每张桌上的中心装饰品是空培恩瓶中的白色晚香玉,这些花散发的迷人香气飘散于各个角落。

　　仅凭邀请函进场的招待会恰如其分地成为培恩最富创造性装饰瓶的竞争场所。所有25款瓶身在此展出,即使将其放在艺术画廊里参展也绝不显突兀。顾客们手绘并装饰这些空瓶,还有一个鱼缸。最终获胜的设计方案是一个异想天开的培恩灯。获胜者免费获得了五星圣地墨西哥卡波海滩的旅行。

　　最后,我们安排迷人的魔术师朋友西蒙为大家带来了壮观的魔幻表演。他面临的挑战是创造出一个规模足够大且足以迷住场地内所有宾客的表演,这看起来似乎是一个不可能的任务,但他最终做到了。当顾客们纷纷为此次感观盛宴感到兴奋时,凯伦·麦克道格尔,1998年《花花公子》杂志的年度玩伴、我们最喜爱的培恩女郎,站上了舞台。她出现在我们平面广告中的美丽秀发成了魔术表演的一部分。在万千瞩目之下,西蒙把她请入衣柜内并使她消失。一瞬间后,当凯伦突然出现在展馆的另一边时,你可以听到来自观众席上传来的喘息声。

　　为了庆祝由凯伦主演的广告和平面广告宣传,我们设计了整场活动。在广告的前面部分,我让凯伦穿上一件白色礼服套装,佩戴白色高帽、培恩绿色丝质领结以及从合身的白色背心胸袋中露出的培恩绿色手帕,这些都完美地衬托了她深棕色的长发。她拥有玲珑曼妙的极好身材,凹凸有致的曲线让这则广告精准地体现出性感与时尚的完美平衡。在照片中,凯伦伸出她的左手,手上方有一只培恩银酒酒瓶悬浮空中。照片的底部是我们的标语:"品味魔力"。

　　当你翻页看到培恩XO的类似广告时会感到更大的惊喜。我们雇用了杰出的身体画家乔安妮·盖尔(Joanne Gair)。她因黛米·摩尔在1992年《名利场》的杂志封面一举成名。在那张封面上,她用新视觉画法描绘了这名女演员的裸体图。在我们的广告背面,我们也做了相同的事,只不过采用了培恩XO的颜色。在后视效果中,裸体凯伦站在和前面广告中的同样位置上,只不过我们是从后面看到她，从这个角度来描绘她身着白色礼服裤和背带，后口袋中露出紫色手帕。在她举着的悬浮培恩 XO 瓶下方是我们的标语："更多魔力"。

乔安妮花费 8 个小时去完成那幅画，她的工作实在太出色了，我们一次又一次地雇用她，之后大家便成为好朋友。这则广告同时也开启了任用《花花公子》玩伴为我们所有产品线做广告宣传的先河。广告含义清晰可见：品味魔力；你的生活也可以与美丽的《花花公子》玩伴相联系。这是马丁的想法，我们当然因此得到了诸多关注。事实上，我相信休·海夫纳（Hugh Hefner）就是这样想到在他花花公子豪宅中举行的所有派对中让彩绘女士为宾客提供酒品服务的。

"品味魔力"只是培恩推广活动中的其中之一。这些活动赋予我绽放创造力的特权。我总是得意于把聚会办得有声有色。能在生意各个方面运用自己的技能和经验带给我一种巨大的乐趣。同时，我正在监管一个复杂的财务结构。因为工厂、仓储、办公室和银行账户遍布世界，资金正在全球范围内大量流动。马丁对资金流动严格控制，但他并不具备会计技能，也缺乏对细节的敏锐眼光，而这些素质对于实施严格的财务安全系统，并确保此系统涵盖所有业务区域是不可或缺的。

最重要的是，我是马丁的同伴。创立业务的过程注定孤独，但同伴的真正魅力就在于总有人在背后支持你。这种同伴支持在我们开始与施格兰闹矛盾时显得尤为重要。

举步维艰

我们与施格兰公司之间的合作关系开始出现问题。施格兰方面认为，分销协议中应该包括它在 5 年之后可以按照行业规则以底线 10 倍的标准收购培恩 51％ 股份的选择权。当我们进行交易谈判时，马丁预备给他们 49％ 的股份，但他们继续施压，力图让我们按照他们的条款签字。马丁最终妥协了，因为我们还有另一个工厂共建的协议。马丁认为只要他控制着工厂供给，那么他至少还有不小的影响力。

施格兰方面根据合同做了他们应该做的，购买了最少量产品，他们完全有能力承担在未来五年将商品搁置于仓库中的成本，通过尽可能少地卖出商品，当他们能够根据合约买进公司股权时就能掌控公司的最终价值了。交易同时规定，合约双方在三年内均不能在无任何理由的情况下申请终止合约。马丁不需要花费那么长时间就能搞明白他们的诡计，所以他决定在1999年摆脱协议的束缚，而这个时间点恰巧选在分销协议刚满三年。

马丁和酒品巨头间早已有嫌隙。当施格兰建造新的龙舌兰工厂时，它就想要把工厂的规模越做越大。他们不顾马丁和弗朗西斯科的建议与要求，建造了一个使用巨大钢桶的酿酒厂，替代了原厂里使用的木质容器，企图改变龙舌兰酒的发酵方式。

在工厂开业时，马丁、约翰·保罗、施格兰总裁小埃德加·布朗夫曼（Edgar Bronfman, Jr）和我乘直升机来到哈利斯科参加开业庆祝会，其中还有很多墨西哥高级政客。剪彩仪式似乎应该可以稍稍缓解紧张情绪，之后公司宣布正式成立。庆典开始之后，虽然沉浸在祝福和演讲中，但我们始终表情僵硬，勉强微笑，马丁尽力履行自己的责任，尽可能不做怪相，但他和施格兰之间的气氛已经到了剑拔弩张的地步。

在马丁和弗朗西斯科看来，施格兰因为在产品质量上打折扣已经犯下严重的过失。施格兰热衷于大批量生产，已经忽视了那些给予培恩独特口味的细节。大批量的蒸馏破坏了它的口感。通过弗朗西斯科的定期报道，他逐渐意识到问题的严重性。这个人和马丁一样经历着类似的挫败感。马丁不断向施格兰管理层反映此事，并因此成为其眼中钉。但马丁是完全正确的，这样生产出的龙舌兰酒品尝起来有一种灼烧感，也就是因为这个原因，培恩便不再使用这类龙舌兰酒。

品酒实验二

施格兰的高层们不同意大批量蒸馏会破坏龙舌兰酒口味的说法，因此马丁为了证明自己的观点，在马里布约翰·保罗家进行了一次蒙眼品酒实验。就像在斯帕戈餐厅做的味道实验一样，他邀请了专业美食家和品酒评论家。在场的每一个人，其中包括施格兰的高层们，都不得不承认在新公司中批量生产的龙舌兰酒不仅尝起来不像培恩，甚至都算不上一种口感不错的酒品。

施格兰的一个高层对马丁说："马丁，不要担心，人们买的是这个品牌的包装和名气，而不是酒本身，他们永远不会知道这两种酒的区别。"

马丁听了很震惊，明确表示他不会为培恩购买这样的龙舌兰酒。无论如何他绝不允许自己的品牌蒙羞。原因很显然，在这个龙舌兰酒工厂建立之前，马丁和约翰·保罗就已经抽身。

他们不会打破这一基本原则：质量高于一切。永远不能忽视这个最重要的问题：伟大而特别的产品应该保持并且总是超出人们预期。记住，你是自己最好的客户，所以必须保持自己的高标准。

与工厂背离可以被接受，但当马丁撕毁分销协议时，所有一切付之一炬。马丁愤怒是因为他的商品被禁锢在施格兰的仓库。而他的天真导致了他在既定条款中没有坚持最低销售条款。那时，马丁决定让他们支付所有的经济损失。但是施格兰方面发起了激烈的反击，起诉马丁违反合约。接下来为期3个月无陪审团的审判成了以弱战强的经典斗争。在与施格兰的律师团队和专家的对抗中，我们焦头烂额。

我生怕这样的压力会影响马丁的心脏功能。我们住在洛杉矶的一个旅馆里，吃睡全在其中，并时刻关注着审判情况。我们明白这对于培恩是生存之战，但我不知道该怎样渡过这个难关。马丁为了获得胜利不惜一切代价，他倾尽全力，但是最后我们还是输了。马丁本来希望得到补偿，但法院命令我们买回所有的储存产品，我记得加上利息和其他费用共计约2 800万美元。最终经过协商的判决只减少了几百万。

余波又起

在整个审判过程中约翰·保罗都站在我们这边，但是直到几年后，我才知道他当时也质疑马丁处理这次冲突事件的智慧。

约翰·保罗最近告诉我："伊拉娜，施格兰的高层没有试图彻底绝了我们的出路，我们想走自己的路，就应该按照合同的承诺额外付给欠他们的钱。"

在审判过程中，关于他们付给我们的库存开支和他们被要求在市场营销上的花费有一系列详细的账单。对于施格兰所购买的每一个运达到站的龙舌兰酒集装箱，我们都必须投入资金进行广告和促销活动。马丁的争论是根据合同义务要求，他们还没花完这笔资金，这就是为什么马丁觉得对方才是欠我们钱的。但是约翰·保罗希望马丁与施格兰进行庭外和解。在约翰·保罗的思维里，他相信这是可以和平解决的,但当我们接触施格兰的时候,马丁的态度是:"你们要付我多少钱?"

这只是造成马丁和约翰·保罗之间紧张气氛的众多事件之一。约翰·保罗曾告诉过马丁,自己就像一个银行,不承担债务,不担保银行贷款,总是坚持零债务政策。当马丁陷入困境时,我很失望但也不能指责约翰·保罗。约翰·保罗用上述方法管理企业,或许也是他成功的很大原因之一。他最终答应了马丁绝望的恳求,正式让他独立,在没有他的联署保证下寻求融资。

约翰·保罗可能有他自己的不确定性,但我还是全力支持马丁的。不论是对那些试图复制我们包装的新秀品牌发送停止命令,或是努力从施格兰赢回分销权,马丁尽他最大的努力去保持培恩这个品牌的完整性,这一点我从未质疑。

决策这个沉重的负担最终一直落在他肩上。在业务方面,我们各司其职,我都无所谓。他是司机,我就是助手,帮助他选择我们的路途。我们的角色定位没有那么严格,都会在任何需要对方的时候出手。虽然从未明说,但马丁当然全权负责。

无形屏障

只有一次我没有百分百表示支持。那时已经到了马丁每提出一个想法我都会很担忧的地步。重要的不是这些提议是否可行,而是时机。到 20 世纪 90 年代末,我们不断在洛杉矶、安圭拉岛和墨西哥周旋。最近我们在拉斯维加斯又开设了公司和仓库。这种跑来跑去的生活让人疲劳不堪。现在马丁想在波兰买一个伏特加工厂,双倍扩大我们的业务规模。

我不知道我们该怎样经营下去。施格兰的审判已经耗尽了他的精力和财力,马丁仍然还没解决施格兰赔款的问题。我担心他会过度透支,所以当他宣布这个出行时我没有表现得十分热情。

"伊拉娜,打包好行李,我们去华沙。"

"亲爱的,真的需要我一起过去吗?"

"是的,我需要你过去。我们即将会见财政部部长。这是一个好机会。"

"好吧,宝贝,我马上好。"

马丁很少在没有我的陪同下参加重要会议。十分难得的是,他很有自知之明，知道他严重缺乏外交技能。他夸夸而谈的风格总让人们感到压迫，人们要么是喜欢他，要么就是讨厌他。他曾经说过很多听起来雄心勃勃但不可思议的事，包括一些小事，比如说做一顿饭，但人们往往认为他所说的只是虚张声势罢了。在一次为约翰·保罗和埃洛伊丝举办的家庭晚宴上，约翰把我叫到一边问，"伊拉娜，这顿晚餐真的是马丁一个人做的吗？"

他指的是我们刚刚享用过的那顿非常精致的晚餐。

"是的，约翰，从头到尾都是马丁一个人做的。"

同样，波兰工厂老板也想知道马丁是个说话算话的人。这次，我随马丁一起，还有一个目的，在给工厂老板、贸易官员和国家元首的高层会议上留下良好的信誉。我必须保证此次会议上所讨论的各种计划方案都切实可行。我和马丁总是保持着十足的默契，因此他逢人便自豪地说我是他生意上的好伙伴。

国际外交

我们还是去了华沙。这次旅行发生在 2001 年的初夏。波兰在铁幕之后的几十年里仍努力在经济上追赶其他国家。许多国有企业进行私有化转型，以适应自由市场发展的需要。该国在 20 世纪 90 年代初所实施的中央经济过渡计划面临着重重困难。90 年代末所取得的经济复苏势头受到 1999 年俄罗斯金融危机的打压，并彻底粉碎，之后在 2001 年又面临全球经济衰退的危机。这使得政府官员和企业家在与外国投资者进行合作时风声鹤唳、谨小慎微。

波兰政府最近才决定将视为国宝的伏特加酒行业进行私有化改革。在其他一些国家，比如捷克共和国，本土啤酒和烈酒企业被大型酒业接管后又相继倒闭，波兰政府虽然已经关注到这个问题，但私有化是国家酿酒业唯一的出路。波兰领导人想保护波兰本国的利益，因此我们必须让每个人相信这不是一次涉及裁员的收购。此交易成功的前提是他们必须信任我们。

从古至今，伏特加都是世界上销量最大的酒种。顶级伏特加在烈酒行业炙手可热。马丁的梦想不仅仅是拥有一个伟大的品牌，更是拥有一个生产高端伏特加酒的工厂，这样他就可以严格控制伏特加的质量和生产。很久之后我才知道，约翰的想法和马丁并不完全相同。尽管他最终还是投资了这一伏特加品牌终极伏特加（Ultimat Vodka），可是约翰本不想为拥有远在地球另一端的伏特加工厂而花费心思。

当我们到达目的地时,我陷入低迷,不愿动弹。天气很沉闷,这是个让我感到悲伤且提不起精神的地方。通常我到达一个新地方时总是挺兴奋,我会激动地探寻当地的美食和文化,但这次我几乎没有任何想要离开酒店房间的想法。也许这与我的波兰籍犹太母亲在德国纳粹大屠杀活动中被围捕并送往集中营的经历有关。这个地方可能充满了我家人的灵魂。

这次旅途中最有趣的部分是工厂本身。兰卡特(Lancut)是波兰最古老的酿酒厂之一,控制着该国约10%的伏特加市场。酒厂坐落在华沙之外,在一个古典的18世纪建筑里,这里同时还建有一个伏特加博物馆。由于工厂建立在天然蓄水层上,这意味着伏特加是用最纯净的泉水生产的。世界上最畅销的饮料是水,所以如果没有其他可以卖的,我们至少还可以销售这里的水。暂且把水放一边,这里的伏特加是我从来没有品尝过的。毫无疑问,马丁在这个竞争激烈的品类中将有一个独特的超优质产品。如果马丁财务状况良好,有一架超音速飞机可以在大洲之间来回接送他,促成这笔交易无疑是明智的。

马丁准备出700万美元。在他还欠施格兰债务的情况下我不知道他将从哪里得到这笔钱。后来我才发现,他用风歌庄园做抵押,获取贷款。波兰政要犹豫不决。马丁和我都没有欺骗任何人的意图,但他们并不了解马丁的想法。现在面临的问题是如何使他们信服这个计划对所有人都有利。这是一个有关诚信的问题,事关每人。

在一次晚餐时间,我与当地一位政要闲谈,他对马丁的过往挺感兴趣。我透露,第一次见到马丁时,他正试图从破产中恢复元气。我告诉他马丁在没有任何帮助和优势的情况下靠自己从一无所有到拥有现在的所有成就。听完我的述说,他们对马丁的印象更加深刻了。

在回酒店的路上,马丁低声但严厉地说:"我几乎不敢相信你竟会向他们透露我破产的情况。你疯了吗?"

马丁不太喜欢人们了解他一个成功男人背后曾有的失败,无论事关健康或是财务状况。他因此很生气。但我觉得在这种情况下这些人需要知道他曾经通过自己的奋斗获得成功。但马丁不能理解,依旧对我很愤怒,这是许久以来马丁第一次对我发脾气。

"不,马丁,我没有疯。你破产这件事并没有任何问题,这很正常,你应该正视它,当你谨慎而公正地对待生意伙伴时,你应该审视一下你今天的地位和获得的成就。"

这并非一次和谐之旅。我们没有继续争吵,但各自都没有妥协。第二天,马丁需要会见律师,讨论工厂合同协议,我则决定待在酒店房间里,不去掺和这件事。我不想出去散步,也不想去购物。之前我曾在地中海订了一艘游艇,现在正好花点时间在电脑上安排下行程,希望下次旅行能消除我们之间的隔阂。

这是我第一次感觉到隔阂。我们也并非全都那么同步。我想有人会说我们正在经历 12 年之痒,但我不打算承认,我不想也永远不会放弃这段亲密的关系。

国王和上帝

最后,马丁以预期价格买下了工厂。经过几个月的碰壁之后,他的运气开始好转。这种时来运转也意味着他即将可以在银行贷到款,这样就可以偿还施格兰的债务,从而稍作喘息。公司业务也达到历史新高,巴卡第(Bacardi)正到处打探用较低的九位数字来收购培恩龙舌兰的机会。马丁的梦想终于实现了。他已经赚回并且远远超出他在破产中所损失的钱。这已经超过了他的预期目标。现在他是一个腰缠万贯的龙舌兰酒业大亨。

当我们的生意变得愈加庞大时,我们从整个计划中所感受到的成就感却越来越少。马丁,曾经是我的全部,现在他似乎已经变了。我仍然不愿意承认这一点。一天晚上的一幕却让我意识到这种变化。我们邀请好友和亲爱的朋友格雷格·甘恩(Gregg Gann)一起吃晚饭后,像往常一样,在游泳池边享受着晴朗的夜晚和新鲜的空气,悠闲地抽着雪茄,喝着培恩酒,但却有一丝尴尬。

马丁看起来似乎疏离冷漠、屈尊高傲,这与我曾经所了解并且深爱的马丁判若两人。我不知道是否是成功改变了他,或是健康,或两者兼而有之。在那时,他经常心律失常,血液和氧气不能正常流经他的身体,这导致他身体和精神的紧张,从而引发一些古怪的行为。他告诉格雷格,培恩龙舌兰酒的魔力帮助他改变了命运,超越了凡夫俗子的生活。之后他回到躺椅,张开双臂,仰望星空,感慨道:"我就像国王和上帝一样。我能够获得任何我想要的。"

我不知道马丁说这些话的时候在想些什么,或许他从未打算认真对待他脱口而出的一些话,但这些话确实给人留下了糟糕的印象。格雷格感到震惊,找借口离开了。他之后在蒙特西托也再没有来看望过我们。不久之后,在 2001 年 8 月,马丁的幸运之周到来,他终于贷款还清了欠施格兰的债务,然而也就是在这一周,我们感情崩裂,最后分手了。很显然,我不再被那个自称为国王或上帝的人所需要。突然间,我个人和培恩龙舌兰的旅程结束了。

第三部分　可持续发展

第七章　猛然觉醒

那本是完美的一天。加利福尼亚阳光明媚,但一场大漩涡正在集聚能量,我不知道它将在何时何地登陆。

一个陌生人站在我家大门口,似乎正在修改门锁密码。当我看到他的时候,我正准备去和新律师巴里·卡佩罗(Barry Cappello)签署雇用协议。看到这入侵者,我感到恐慌,我马上给巴里打了电话:"有人正在破解大门的密码,我该怎么做?"

"告诉他停下来,马上离开,不然你就叫警察把他抓起来,他这是擅闯民宅,伊拉娜,不要离开宅院,我们可以通过传真来完成我们的工作。"我将吉普车停了下来,打开车窗,大声叫道:"你知道你正在做什么吗?离开我家!马上离开!否则我叫警察!你将会被逮捕。"

这个不速之客受到了惊吓,他应该是一个撬锁匠。他肯定认为我是一个胡言乱语的疯子。还没能完成工作,他就只能一声不吭灰溜溜地走了。

从那刻起我就足不出户。我必须要听取巴里的建议,不能冒着离开家而不能再回来的风险,但是又讨厌这个要把我孤独地困在此地的主意。我从未感到如此软弱无助,甚或说绝望。

从两周前马丁去意大利巡游到现在,发生了很多事。起初,我并不在意,但现在,我的雷达苏醒了。我给住在洛杉矶的姐姐莎伦打了电话。她最了解我,尽管我一直强调一切安好,但她能够听出我声音中的紧张与不安。她的丈夫伦恩也在电话的那端。

"每次你像现在这样一个人在家的时候我们都不放心。"伦恩说道,"我今天中午就驾车来圣巴巴拉找你。"

"你疯了吗?"我回复道,"今天星期五!你到这里路上就要3个小时。我会好好的。"

"我不是在跟你商量。"伦恩说,"谁知道这是怎么回事,谁知道到底会发生什么。我这就来了。"

4个小时过后,我赶紧开门让他进来。看到他的时候,我心里的大石头终于落地了。在我们拥抱问候之前,他疑惑地问道:"有人破坏了信箱吗?"然后,我突然想起要去查看信件,因为我今天也在等一个很重要的包裹。可以确定的是,那个锁匠打开了信箱,以前那有一把牢固的锁。信箱是我们和周围三家邻居共用的,就在街上离我家大门只有几步远的距离。因为伦恩的到来,我便很安心地出去查看信件。

今天是我第二次走下长而陡的弯曲车道。在去信箱的途中,我遇到了另一个陌生人。这个人坐在一辆停在大门口的黑色SUV里。我心想:他是怎么进来的?他究竟是谁?他在这儿做什么?

我不认得这辆车,但我知道情况不妙。风歌庄园是一个乡村风格的社区,它有许多绵延青翠的山坡和幽静的小路。人们只有在投递某物或者受邀请的时候才会来这儿。我不知道他是趁伦恩不注意的时候偷偷开进来的,还是有人告诉了他大门的密码。不管怎样,他就在那,关闭了引擎,等着。不管他将要在我们宅院里做什么,反正他不是在寻找道路。

看起来伦恩的确来得正是时候。我因为害怕而不敢面对擅入者。我的大脑高速运转,试图弄明白这一切。当感觉不那么害怕的时候,我开着车从他右边经过,穿过敞开着的大门和东谷路,在灌木丛后的小路上停了下来。我在这儿可以看到入口处。我有些害怕,又觉得好奇,想知道究竟会发生什么。我的心脏在胸腔里猛烈地跳动着。我给伦恩打电话,歇斯底里的尖叫道:"伦恩,伦恩!这儿有另一个陌生人,就在我们庄园里。他已经在里面了,在大门里面!我们该怎么办?"

"冷静下来,尽可能快点回到这儿。但要小心!"

第七章
猛然觉醒

"把所有门窗都锁上。"我告诉他。

在我们挂断电话的时候,我从我所在的位置上能看到一辆蓝色桑塔纳停在大门口,输入了密码,之后便开进去了。那两辆车为了摆脱我的车而开进了茂盛的树林,之后消失不见。我崩溃了。伦恩来这儿是为了我,现在那两个陌生人正往他的方向而去。

我不敢想象之后将会发生什么。如果伦恩因此受伤的话,我不会原谅自己。我的思维停滞了,就只有因害怕而起的反应。不知怎的,我歇斯底里地渴望快点回到家保护他,我快速开车穿过了街道。当我打开大门的时候,那两辆车在加速绕了几个圈后从小山坡上开了下来。这一次,我更加歇斯底里,伴随着震惊和愤怒。我摇下车窗,像个泼妇似的尖叫:"离开我家!离开我家!你们这是非法入侵民宅!我要叫警察!"

"很抱歉,我们找错地方了,我们并没打算来这儿。如果可以给我们让路,我们马上就离开。"他们说,然后离开了大门口,回到我刚刚停车的小道上。

我开车进去,关了大门,然后转了个弯,将吉普停在停车场。打开车门后,我站在一边,紧张地从吉普车顶去观察那两个身材魁梧的年轻人,他们走下车,站在那儿交谈。很显然他们没打算去其他地方。

突然,我听到刹车的刺耳声。好几辆车在门外盘旋,围成一个半圆,将东谷路各个方向都给堵住了。这看起来就像是电影《卧底侦缉队》(*The Mod Squad*)里的场面。县警长和他的后备部队从车里走出来,然后停下。就在那时,一辆白色的宝马轿车停在那个包围圈中间,然后马丁从车上走了下来。就在那时我才恍然大悟:天呐!他们是冲我来的!我做了什么?

我能想到的就是马上逃回家。就在那时,伦恩来找我了,他的车正好阻碍了我的前进。除了让他向斜坡方向倒车,别无选择。我将吉普车停在车道,别的车暂不能通过。我锁上车门,飞奔到伦恩的副驾驶座位。我总希望他能更快点。

"快走,快走!快一点,伦恩,再快一点!"我不断尖叫,像一个精神错乱的妇女。我们就像为了逃命一样在奔跑。宅院有7英亩,距离小山坡有很长一段路程,因此在他们到达房子之前我们还有些时间。

当我们到达小山坡时,我立即给巴里打了电话,向他描述现在的混乱情况。

"我不知道他们为什么在这里,但是不管因为什么,就按照他们所说的那样做。"巴里说道,"但是不要着急,尽可能地慢慢行事。"

不久之后，马丁和他的随行人员就冲进厨房。大家都跟着他，房间立刻站满了十几个人。警长走了过来，递给我几张纸，说："埃德尔斯坦小姐，这里有一份驱逐令，我必须立刻将你请出去，善良的克劳利先生已经在圣思多罗牧场酒店为你订了一间房，所以请你收拾收拾，今晚就离开吧。"

我一生从未做过任何违法之事，就连不道德的事也没做过。除了仅有的几次交通违章，我从未触犯过法律。我一直都是一个按时交税、努力做好事的守法公民。然而此时我却像一个恶棍，被警长逐出家门。我的身心受到了巨大的冲击，几乎崩溃，似乎被巨大的嘈杂声所包围。

法院声称，我是危险而有暴力倾向的毒瘾者。仅仅五尺三寸之躯的我现在显然对周围人是一个威胁，其他人无法信任我一个人单独待在这所房子里。

更糟糕的是，我一生的挚爱竟然成了"克劳利先生"。即便他把我放在一个豪华酒店，也无法弥补我的伤痛。我的心已经碎了，什么都无法安慰我。就是这个地方，这个充满美好回忆的地方，我和亲爱的朋友华威·米勒（Warwick Miller）曾在这里度过热闹的夜晚，我还能回忆起这些美好的场景，然而现在，这一切都时刻提醒我那些我们曾失去的快乐。

我当时几乎要死去。我从未如此恐惧。被一群武装人员所包围，尊严扫地，这是一件多么令人作呕的事。我感觉房间开始旋转。我跪倒在地，哭泣不止。在厨房里，我回想起我们共同的家园，曾经聚集着这么多暖心的爱，这么多欢声笑语，可是现在这里，这个有着美好回忆的地方此刻却成了我人生中最黑暗的地方。

感情的终结

一切本不该以这种方式而结束。

我们经历了13年的爱情。我们在这个地方一起住过，也有过一段精彩的生活，这里充满冒险、自由和浪漫。我们在一起研究酿造培恩龙舌兰酒，享受生活的奢侈、放纵与美好，当然远不止这些，还有很多很多。那个时候的我和马丁相互分享最真实的自己，我有存在的价值感、受到尊敬和崇拜。

他是第一个能让我感觉自己是一个有能力做任何事情的人。如果我想出了一个装饰办公室或开创一条新生产线的主意，他就会立刻执行，然后向任何愿意

第七章
猛然觉醒

倾听的人吹嘘我的成就。有一次,当我们在索诺玛山谷的一个古董店闲逛时,我看上了一个老式顶帽,可这个帽子是属于店主的,并不出售。但马丁想尽办法买到了它,因为几周后就是情人节了。在那之后不久我便忘记此事,可帽子却出乎意料地出现在我的枕头上。他总是能给我这样的惊喜,逗我开心。在我们相处的过程中,他不停向我示爱。不管他如何与他人相处,我俩总会相互分享,过着近乎完美的幸福生活。即使我们之间已无火花,这种感觉也从未改变。

两个月前,在一个拥挤的餐厅里,马丁在这顿晚餐上结束了一切。那也是在圣思多罗牧场酒店。我直接回家,躺在床上两天不想起床。但是数周后,我真的感谢马丁这样结束了一切。我执着于我们曾经拥有的一切,即使魔力已渐渐消散,这种固执对我们两人来说都不好。相反,我们现在所做的才是对的。当身边的夫妻分手了,我们都无法理解他们每个人的心酸。我们以前总是说,如果两个成年人曾经相爱过,即便分开也拥有仁慈和怜悯。

这次分手并不那么彻底。当我们共享了这么多年的生活之后,分开并非易事。从生意上的事到日常生活,我们完全交织在一起,而这种联系需要一段时间才能慢慢解开。我们分手两个月后,仍然一起生活在风歌庄园。我的新房子还在托管期,因此我想一个人租住别的地方,可是马丁反对,他坚持要我住在我们两个客房中的一间。当我按他的建议搬过去住时,他也搬去住了。第二天,我们又回到主卧,住在一起了。

我们根本无法忍受分开,分手对我们来说似乎很荒谬。我们还是睡在一起,仍然经常做爱。我们这方面的生活并未改变。虽然我们不再热恋,但我们也会永远爱对方。我们两人之间总有某种亲密感。你不能把内心的柔情突然斩断。我是这么想的。

在我们分手前几周,马丁在地中海租了一艘豪华游艇。我们计划在意大利岛屿巡游一周,就我们两人,仅仅是为了享受。虽然在经营培恩龙舌兰酒期间去过很多地方,但我们已经5年没有过真正意义上的假期。在我们的分手晚餐上,马丁说他还是会去意大利的,我可以理解。他把这次旅行转变为一次营销培恩的机会,邀请E!娱乐公司(E! Entertainment)的布鲁克·伯克(Brooke Burke)为培恩拍摄一段短片。主演是马丁自己,一些品牌有关的朋友,还有几个花花公子女郎。我不能去,因为我们的生活需要走独立的道路了。

失去这次旅行机会,我感觉很沮丧,但同时也为马丁感到兴奋,因为他有机会让顾客在电视上看到培恩。我还特地为女郎们打包了培恩服装,为此次旅行准备好一些附属产品。当然我也从一些小小的工作中得到些许安慰,这些工作让我意识到自己也发挥了一点作用。为了让马丁安心去做些对品牌有利且能扩大其知名度的事,我要在家里继续处理好一些办公室后勤工作,管理公司的日常运营等。这样即使他不在,公司也不会发生什么大问题。

马丁也需要这次旅行。解决因审判而产生的债务让他元气大伤。施格兰公司为了压低培恩的营业收入而阻止其进入市场的做法受到马丁的质疑与挑战,这点马丁做得完全正确。在生意上,你就是品牌的声誉。如果你自己不挺身而出,那么世界巨头就会将你压垮。

除了恢复在审判中遭受的财务损失,马丁也在忙于应付百加得对培恩的业务收购提议。现在是时候认真进行公司化经营了,他于是雇了培恩第一任财务总监来处理文书工作,使公司更加正式。作为一个企业,我们终于成熟了。

但这种经历是苦乐参半的。我们共同经历了风雨,却不能在一起享受风暴过后的平静。当然,我们依然是最好的朋友。我们永远会是培恩先生和培恩女士,只不过不再有浪漫的感觉。是时候我们都离开,过自己的生活了,所以虽然痛心,我仍感谢他快速结束了这一切。培恩已经达到成功的顶峰,但对我们来说,不幸的是,它现在成了我们唯一的共通点。我们不再是一体的,我也麻木了。我早该知道这一点,但老实说,我从未想过要离开马丁,我想和他一直走下去。

未成文的承诺

去地中海之前,马丁在伦敦出差一周。一如既往的,我们每天至少通一次电话,有时候两次。我们最后几次谈话内容是关于我们分开的事宜。我们要想出我今后应该如何生活,因为我之前已经放弃了自己的事业,将所有的精力都投入了培恩公司和支持马丁的梦想。一开始,马丁承诺在分开后的10年里,每个月给我10 000美元,加上一些日常开销,我们暂不分割家具与财产,他将为我购置新家具。我想要的只是他给我一个肯定的承诺,保证能够妥善处理好我们之间的关系。也是时候这样做了。

马丁急切地想让我确信他会像他所说的那样。我虽然相信他,但是一个口头的协议是远远不够的:"那好吧,马丁,但是求你了,在离开伦敦上船之前,把这一切都写下来，然后传真给我。我需要知道我以后将怎样生活，我需要一些安全感。"

传真没来。他反而打电话给伦恩。

"伦恩，请帮我劝劝伊拉娜；让她不要做傻事。我已经给她买了一套房子，并且我会一直照顾她的。"

"马丁，这件事你需要直接跟伊拉娜谈。我不能帮你。"伦恩回答道。

传真仍旧没来。这也许预示着即将会发生些什么。

未完成的事

第二天，马丁从英格兰飞去意大利，登上游艇。最初几天我们还有交谈，但是接下来好几天没有接到他的电话之后，我决定不再打电话。我认为我应该让他做自己的事，不再打扰他。但我们仍有一些未完成的事。如他所说，在和我分手之后，马丁很快就为我买了一套房子。我会装修一下，并且无论什么时候当我决定卖掉房子时，我们将平分所得的利润。我被列为业主居住者，并且贷款文件上是我的名字，但是房契上只有马丁的名字。买卖协议应在下周一前确认，目前协议交由第三方保管。马丁在海上，周三才能回来。

因此，当托管方的工作人员在周五打电话给我，叫我去签署文件时，我就拖延了。马丁的律师在洛杉矶，他有委任书，他还没有签字，所以我通知托管方的工作人员让他们先将文件递送给马丁的代理律师签字。而我则需要在签字之前和马丁交流一下。

我们在一起的这些年里，我负责管理所有的经济事务，但是实际上我自己并没有收入或者资产。我名下没有任何财产。在马丁要求我放弃自己事业的时候，我在经济上就得完全依靠他，并且我需要他的支持，直到我想出自己的下一个计划。签署那份协议就意味着我将在今后每月支付 7 000 美元的房屋抵押贷款，我没有这笔钱，目前也没有任何的收入。虽然我一直信用良好，但当我需要在不知道如何支付这笔钱的时候就冒昧签字时，我感到十分局促不安。我没有理由去怀疑马丁会临阵脱逃，他已经答应托管期后放弃新屋子的产权，但是我姐姐很固执。她很反感这件事。

"伊拉娜，在马丁回来之前你什么都不要签。"莎伦说。

"别傻了。"我向她保证,"我会和他谈谈,我们会处理好这件事的。我知道我们一定会的。"

无线电寂静

我在周末打电话给马丁想得到他的保证,然后计划在周一签署文件。因为无法联系到他,我就留了短信。几个小时之后,我又给他打了一个电话。接着又一个。一直没有回应。除了无线电寂静,什么都没有。他是在卡普里岛的海边淹死了吗?整个周末我都没有收到他的回电,这并不像他。我们在一起的这些年,没有一天不曾通话。到底发生了什么呢?周一来了,我收到了一封来自马丁律师的传真。

"马丁真的很在乎你,但是在现在这种情况下,能不能请你在周三之前搬出房子?"传真上写道。

什么情况?我思考着。这其中一定有些误会。我仍然执着地认为只要可以和马丁交谈,这一切都会烟消云散。

现在,莎伦开始变得疯狂。

"你不能像个傻子一样坐在这里,伊拉娜。看在上帝的份儿上,找个律师谈谈吧。"

我不太情愿地打电话找了几位律师,并清楚说明我没有钱去支付律师费用,并且这一次他们为我所做的事只是一次偶然行为,但这些都没有让他们退缩。我猜这一定是和培恩公司的名号有关,因为洛杉矶一些顶级的名人律师也开始向我献殷勤。培恩公司的价值那时为止已经猛涨到2亿美元,所以他们可能盘算着能从我俩的不幸之事中狠捞一笔。要不还会有什么能让汤姆·克鲁斯的律师,在我甚至还没有同意雇用他的情况下,就在电话上花4个小时为我免费出谋划策呢?这种意外的受欢迎并未带给我任何的舒适感,而仅仅让我确信肯定发生了什么不好的事。

特殊送货

与那些律师在电话里交谈的那几个小时,平添了很多疑神疑鬼,让我自己处

第七章
猛然觉醒

在高警戒的状态。一直听着最坏的情况能对你的大脑产生极大的冲击。但是在这些律师所给出的所有不同意见当中,有一条意见是一致的:在任何情况下都不要去开门。"不要和任何人说话。"他们都说。

周二晚上20:30,在和一个律师无数次通话之后,我简直要崩溃了。这时有人叫门,我没想太多就应了门。

"请问是哪位?"

"这里有一束送给伊拉娜·埃德尔斯坦的鲜花。"

我让他进来了,这时线上的律师变得狂怒:"你疯了吗?我可以向你保证门外没有花。那个人是来让你签收文件的。"

"我该怎么办?"

"把门锁起来,然后躲好!不要开门。"

在接下来的几个小时,我缩成一团,躲在我们卧室的壁柜里。这是我家唯一一间没有窗户的房间。过了午夜,门铃也不再响了,我爬出壁柜,朝外看了一眼。没有人在那,我打开门,看见埃洛伊丝送来的一大束漂亮的鲜花。她祝我一切安好。她知道我和马丁分开了,所以以此表示支持。

我不得不大笑起来。那些律师们让我发狂。他们在当事人原本可以单独在房间里交谈之前就全权接管了。马丁明天就回来了。我只需要耐心等待,直到我可以面对面见到他。那时,我甚至允许自己相信这件事或许还有转机。

但是周三到了,又过去了,马丁还是没有出现。我去了他在蒙特西托的新办公室,发现我的大门控制器已经失灵了,按门铃时,员工说他们接到命令不能允许我进入。

那天晚上我去见巴里·卡佩罗。我们讨论了该怎样处理我的案子,以及他需要我提供些什么材料。在所有我能选择与之结交的律师当中,唯一一个住在圣巴巴拉市的就是巴里,这种近距离在我最需要帮助的时候增添了些许安慰。而且,他是我的私人教练兼好友皮特·帕克(Peter Park)推荐的。巴里对于皮特来说就像教父一样,而这对我来说就是一个坚定的保证。

巴里让我直接回家,开始把我手头所有的资料进行复印。现如今,当我即将陷入狂躁时,我最亲近的朋友妮娜来了。我们一起花了整整一天来整理风歌办公室的所有文件。生活竟变成这幅光景,官司中可能被用到的素材堆积如山。

复印操作

我们依然还有很多事情要做。我在蒙特西托新办公室的钥匙没法打开门，所以我打电话给米里亚姆(Miriam)。她是我们两处房产的女管家。我请求她留一扇开着的窗户，以便于我们在周四晚上能偷溜进去。她知道情况，欣然答应了。等到马丁办公室的职员们都已经回家，我和妮娜溜了进去，整个晚上都在重复着复印这个操作。我们的文件堆积如山，装满了无数个纸箱。我回到家后整个人都累倒了。我在这两天里睡眠尚不足4个小时。

第二天早上，我原打算把这些文件堆到巴里的办公室，但是因为之前所讲到的风歌锁匠的小插曲，巴里派他的一个职员来拿装满文件的盒子。那天早上的剩余时间都花在和巴里发传真上了。我们沟通之后，签订了律师聘用合同。我的生活就这样在眼前一点点被拆散，而我无能为力。我不喜欢这样。我们的家，一个真正的伊甸园，迅速变成了我个人的地狱。至少，所有的复印工作让我保持忙碌，让我分心，不至于因为想到那些真正发生了的事，或者对那些可能发生的猜测而烦恼狂躁。不久后，我便有了答案。

我们的分手现在已经失控。我们本应该面对面地单独谈谈。在允许那些所谓的专家将怀疑与猜疑装满我们脑瓜之前，我们应该想想我们是谁，我们对彼此意味着什么。但是其他人，换句话说，也就是律师们，介入得太快了，太多了，将一次悲惨的沟通失误变成了这出怪异的警察与强盗事件。

回到厨房，我被这些人围住，如果没有伦恩我真不知道该怎么办。他发狂地维护我，和每个人争论，用身体保护我不受伤害。

"你们都退后，给她一些空间！"他告诉他们。"你们怎么敢用这种方式对待她？她没有做错任何事情！"

我茫然而困惑，稍稍恢复了些精神，走向卧室去收拾行李。我必须要镇定，而且我知道我所需要的不仅仅是一些过夜所用的东西。一旦我离开风歌，就再也回不去了。我不情愿地收拾属于我的东西，意识到我将是最后一次在这间屋子里。

毫无疑问，这次驱逐令的获得并没有按照正当程序。我从来没有接到过任何法律传票，并且这也是我第一次知晓此事。显然，马丁的律师在法官下班之前将文书资料偷塞进去。现在是周五下午五点,看起来希望渺茫。所有的法院都关闭了,而大部分圣巴巴拉市的法官都要出去上高尔夫课。这次伸张正义无望。

同时,在幕后,巴里正忙于打电话。感谢上帝我选择了一个当地的律师,他认识圣巴巴拉法院系统的每个人,并努力通过一些侦探工作查明正在发生的一切。在40年的律师生涯中,他没有一次给法官家里打过电话,但是这次巴里竟追查出了这个法官的电话号码,并且打给他:

"法官大人,我想您犯了一个重大的错误。"他告诉他,"警长现在在她家,在我们说话的时候正在将她带走。这次驱逐没有走正当程序,她从没有收到过法律传票,并且我们之前也从未听说过此事。我请求您,敬请纠正这个错误。"

"你想要我做什么?"法官问。

"请您现在给警长打电话,让我们遵循合理的法律程序。"

法官确实打电话给警长了,并撤回了驱逐令。

延期执行

法院下了命令,我们两人都被允许住在这里,直到履行合法程序之后确定谁将要离开。这个过程至少还有几周。我和马丁变得疏远,再也不能和好如初,但如今我们还得住在同一个屋檐下,直到法院来决定我们的命运。那两个我曾遇见过的陌生人,就是那天擅闯风歌庄园的人是马丁雇用的私人侦探。他们得和我们住在一块,就在这个房子里,24小时保护马丁。如果这是其他人的生活,我一定会嘲笑这件讽刺之事。

马丁住在其中一个客房里。在接下来的几天,我被允许住在主人套房,把我自己的东西整理好。我的时间都花在整理箱子和准备离开上,即使那时我还不被允许打包收拾。我们都清楚谁最终会离开。但我不能说出来,因为这样就意味着我不能针对马丁提出任何申诉,特别是当私人侦探在他身旁时。

最后,我倒很感激他们的存在。他们人不错,并且感谢我能与他们分享英国进口的茶叶和食物。我没有任何食欲,更没有心情去招待客人,但不管在什么环境之下,我们屋里的每一个客人都要受到最友好的款待。我也很高兴有人能见证我在这些最黑暗的时刻里仍然保持镇静。

驱逐令的撤销给了我足够的时间重整旗鼓,找一个新的地方定居。我几乎还没有意识到这丑恶的小插曲只是我俩旷日持久的玫瑰战争中的第一场战役。

这不是结束,这才刚刚开始。

完全清醒

转天早晨,在沉睡与苏醒之间的灰暗时刻,昨天的闹剧就像一个奇怪的噩梦。我几乎睡不着,在疑惑中,我想知道,这一切怎么可能是真的?但是当我去厨房给自己倒一杯茶时,我看见安静地坐在桌旁的保镖。这一切都是真的,没有错。

我正在为那两个人准备咖啡。马丁从客房出来了。

"伊拉娜,你能出来一会吗?我需要和你谈谈。"

"你可以在这里和我说,马丁。昨天之后,只有上帝知道接下来会发生什么。"

"我发誓我只需要单独和你谈谈;请出来吧。"他坚持着。

我跟随他,离开厨房,来到我们巨大的停车庭院。那是一个美好的清晨。花儿被露珠覆满,小鸟挥振翅膀,蜜蜂在蜂房里嗡嗡飞舞。我周围的一切似乎都对这即将展开的大灾难毫不在意。

我等着他开口。

"拜托,伊拉娜,我们别再闹了。我们得停止这一切,一起努力把问题解决。"

我差点就呛到自己。"你在开玩笑么?难道你已经完全忘记了昨天发生的事情了?你觉得我现在还会那么相信你么?再说了,现在已经太迟了,马丁。就在昨天早上我就已经雇好了律师。"

"解雇他!我们可以用我的律师。"

"是你该解雇你的。"我回答道,"我们用我的律师。我雇用他只是针对本次偶然事件,所以不管发生什么,这次他都有 30% 的参与权。"

现在的悲剧就是火车已经驶离站台了。一切都太迟了。如果我们早一天能谈谈,谁知道这件事情会怎样。我一直在反思,在考虑我们能否改变这件事的结局。不过我永远都不会知道了。在那时,我们似乎找不到一个折中的妥协办法。

我们在诉讼中迷失了自己。当一段关系变了质,不管是感情方面还是生意方面,你都无法想象两个人最后竟会这样诋毁伤害对方,尤其当有第三方介入的时候。伴侣关系总是美好的，直到它变了质。当两个人之间特殊的化学物质中了毒，他们就再也没办法看清自己和对方真实的样子。

我们不是第一对，也不会是最后一对。在这样一段苦涩而具破坏性的斗争中，我们辜负了曾经对彼此的意义。回顾过去，我们本可以用曾经给予过对方的尊重、怜惜和理解来解决问题，可我们却没有。马丁和我曾经发誓永不会走上那条末路，尤其是经过施格兰的官司之后，但现在我们还是走到了这步田地，就像其他夫妻一样，互相生气，互相伤害，最后再经历一场丑陋的离婚之争。我们没有孩子，所以培恩，这个曾用我们的爱而"养育"长大的东西，变成了我们这场战斗的目标夺取物，尽管我从未尝试去获得它的监护权。

我的律师巴里的决定是，向马丁起诉他违反了曾经的协议。协议不论书面还是口头的都具有法律效力及可执行性。马丁和我曾经口头上约定不管做什么事情，我们都是合作者。与大多数人所认为的不同，在加利福尼亚，这个美国最自由的州，没有相关的法律规定，所以这件官司绝不可能按照我主张的方式进行，同时它也远超同居津贴案例的范畴。我坚定地认为我因为对培恩的付出而获得补偿是正当的，所以我很有信心在法庭上举证说明这点。当论及我的贡献和付出时，每个人都能看到我在建立品牌时所担任的角色。我的一丝不苟和多年的生意经验帮助公司制定出运营等诸多细节。这是一场稳赢的战争。

秘密信息

也许我该更明智一些，那天早上我去找巴里，和他就案件的细节进行讨论，他开始一连串的问题就把我击倒了。

"你吸毒吗？"他问。

虽然有点惊愕，我还是如实作答："是的。"我从不撒谎，因为我没有什么需要隐瞒的。

"哪种毒品？"

"我吸过大麻、可卡因、安非他明兴奋剂、迷幻药。为什么这样问？"

"多久一次呢？"

"通常是些社交场合，派对上……"

"你吸毒上瘾么？"

"没有。"

"你是不是刚吸过毒品？"

"没有。当然没有！巴里,这是怎么回事？我有没有吸过毒到底和这官司有什么该死的关系？"

现在再想想,其实我本不该这么诚实。事实上,我也曾经有一段时间沉迷于毒品。我认为,这件事情仅是我的私人生活,和我手上的案子根本没有任何关系。"各得其所"一直是我的座右铭。但是律师们却不这样认为。他们正在寻找一切方法和证据背离生意协议的事实,并企图削弱我的重要性、损伤我的信誉。这些伤害性巨大且羞辱人的指控会如丑闻般让我失去圣巴巴拉地区保守的法官和陪审团的支持。

我当然不是一个瘾君子,但如果我必须为此事而在法庭上自我辩护我就死定了。13年在他身边与其一起经营培恩,我理应得到点什么。为了对于上述权利做出反击,我被描述成马丁所购买的一件玩物。这些律师似乎很有把握营造出这样一种假象,那就是,这么多年来,我在马丁的身边只是为了毒品和性,而且我与培恩的关系也仅仅是我妄想出的副产品。

法官对于什么证据可以陈堂,什么证据不可以陈堂没有明确的规定。他似乎偏袒这个性和毒品的主题,因为这个话题一直围绕在近3个月的审讯中。我严重质疑法官对于那些与本案十分相关的重要证据不被允许陈堂的裁定。我有成堆的文件可以证明我在很多事情中的角色,包括公司业务,但是这些证据却不被允许在法庭上使用,理由是这些证据会引发偏见。同时不被允许递交陪审团的材料还包括马丁在和我分开后,以我的名义买房的贷款文件,在文件里清楚写明我是所有人和居住人。我的收入状况和财产也都包含在那些文书中。我没有收入,而风歌地产是属于企业的这些事实也都没有被考虑在内。毫无争议的事实是我绝不是那个只会在房间里吸毒成瘾的人。还有很多文件将我描述为培恩的企业秘书。

乳房事件

事情渐渐走向荒谬可笑的境地。我最好的朋友妮娜也出庭了。她是我们的首席培恩女郎。这个金发尤物多年前以保姆的身份从挪威来到美国,因为爱上了加州就再也没有离开。

妮娜与我相似,有着欧洲人的敏感与幽默。她聪明,也很潇洒,从品尝培恩酒的那刻起就抓住了它的独特品质。马丁和我都看出了她作为品牌代言人的潜能。她是一个我们可以信赖的人,如果我们不去某个活动现场,只要有她在,我们就不用操心,所以我们派她到世界各地出差。相反的,当我们出去旅游时,妮娜就会住在我们风歌庄园的家里,帮我们照顾宠物,看管房屋。所以她对我们了如指掌,不论是私事上还是公事上。

然而,马丁的律师只想到要挖掘私事这方面。他们试图用妮娜来展示我们的生活是多么糜烂,除了纵欲,没有别的事情可干,而她则是我们的常客。

"你难道不是每天都在风歌吃晚饭么?"马丁律师团的一员帕蒂·格拉泽(Patty Glaser)问道。

"不是每晚,而是经常。"

"那么,那里是不是的确有充斥着毒品的奔放性派对。"

"我在那的时候从来没见过。"

在众多事情上,我和妮娜都能达成共识,其中之一就是对于裸露这件事情的随意性。作为一个南非人,我经常袒胸日光浴,妮娜也一样。我们经常在自家泳池中也这样。妮娜也在风歌参加过很多次偶尔在凌晨以裸泳来结束的聚会。但在我们看来,裸体与性不能混为一谈。裸体是自然而美丽的,是完全无害的。马丁的律师们努力发掘她陈述中的谎言,从而使他们能够提出新证据,即那些清白的私人照片。他们竭尽全力向她暗示其他方面的内容。

"没有性么,妮娜小姐?那么,这些是什么呢?"

大屏幕上出现了一张一群女孩赤裸上身在我家按摩浴缸的照片。照片比真人还要大,在那渺渺蒸汽里显露出各式乳房。妮娜也在他们中间。这张照片是在我为一个女性朋友所举办的单身派对上拍摄的。那天我们都裸体在热水浴缸里。那里全都是女人,除了马丁,他被允许留下来看门。他曾被看作我们中的一员,所以他的存在并没有让我们其中任何人感到不自在。那张照片就是他在那晚为我们拍摄的其中一张。

"妮娜小姐,这是你的胸吗?"格拉泽问道,他用指示笔轻敲照片上的那一块。

"是的,那是我的胸部。"妮娜用一口滑稽而厚重的斯堪的那维亚口音回复道。

这让法庭上的人们忍俊不禁。感谢上帝让她拥有如此的幽默感。我都不知道如果没有她我该怎么办。

审讯之后数月,几个居住在圣巴巴拉市,对此案件比较熟悉的律师都难以置信法官处理此案的方式。一个比较流行的说法是,上了年纪的白人男性审判员无法摆脱我所谓的生活方式,以及和马丁没有结婚就住在一起的事实所带给他的冲击。在他眼里,我是一个堕落的荡妇。也许他的兴奋比惊愕来得多。不然,他为什么还一直回到这些无关紧要的细节呢?

简单的问题

那些作为证人而被传召的培恩公司员工和合作人在本案中似乎无足轻重。我们一共有5个员工,包括一个办公经理、一个助理、我们的销售和营销团队,还有一个财务总监。他们大部分都是我亲自面试并录用的。而最终,他们的证言也没有损害到我。他们对我的私生活一无所知。而且,律师只有很少几次询问他们关于公司和我在运营中所担任的角色——我几乎要负责所有工作,从公司财务,到市场营销和促销活动,到开发和维护公司网站等等。这些他们都如实回答了。

"谁雇用了你?"

"伊拉娜。"

"谁给你做的培训?"

"伊拉娜。"

"你知不知道有没有那么一个人对你们公司的所有事务全面了解?"

"伊拉娜。"

保罗·约翰的所有证言也都是中立的,他没有偏袒任何一方。我很无奈他也被卷进了这场官司之中。让他飞来此地做证人是个挺过分的要求。我的诉讼绝不是培恩公司的威胁。如果我赢得了这场官司,无论如何也不会影响到他的利益。但是你永远不知道律师会如何发问。

在整个审讯过程中,我很少见到马丁,与他的交流就更少了。我不知道他脑袋里到底想的是什么,抑或是这次诉讼像失控的火车一样已经超出了他的控制。但是那天他出庭时,我瞥见他站在那里,当时他的律师似乎在拼命扭曲我俩的家庭事务。

"克劳利先生,请告知一下关于你与原告的性生活。你们是否还有其他女伴所参与的三人性生活?"

"是的,很多次。"马丁自豪地说着,"那太美妙了。"

"埃德尔斯坦女士那时候吸毒是为了你更尽兴吗?她是否是某种障碍?你希望她在那里吗?"

这些问题都是陷阱。律师试图给马丁一个机会说我对他而言没有任何意义,但是马丁拒绝屈服于这个谎言,即使这对他的案子有帮助。

"绝对不是这样的!她不需要那些毒品。这些都是我们共同希望的。"

"但她是一个对你来说无足轻重的人,你对你的生活表示担忧,难道不是吗?克劳利先生。你最后一次和原告做爱是什么时候?"

"一个月前。"

律师的下巴都掉下来了,他的眼镜从鼻梁滑落。他不敢相信这次他的客户给自己带来多大的麻烦。在那一瞬间,他们的战术在这场无尽的法律闹剧面前显得适得其反。

尽管我经历了一些情绪波动,但我的出庭还算顺利。没有一个关于业务的细节是我无法去描述或回答的,当然我的团队已经帮我有所准备。然而这些关于我在培恩角色的问题相比其他问题来讲少得可怜。

毫无疑问,这是我人生最黑暗的时期。我失去了我的至爱,以及驱使我十多年的目标感。具有讽刺意味的是,恰恰是这些年来将我们紧密联系在一起的东西,也就是培恩,成为这场血战的催化剂。如果培恩没成为酒业巨头,或许这一切都不会发生。事业蓬勃发展,销售额每年持续翻倍。我们的分手因为太多的利益关系而变得丑陋不堪。我们的公司,培恩,曾象征着我们的关系和我们一同创造的神奇世界,现在竟最终导致了我们感情的破败。

胜利者的战利品

最后,我的案子因为一个技术性问题而败诉了。陪审团一致认为我有资格获得赔偿,但是他们没有资格说这个赔偿的数额是多少。本案被分为两部分,这意味着将会有两个完全独立的审讯。第一次审判纯粹是为了确定我是否应该得到些什么,但内容不涉及赔偿数额或百分比。如果在第一个审讯结束时,大家觉得我是应该得到赔偿的,那将会有第二个审讯,重建新的陪审团,确定应该赔偿的数额。

　　回想起来,我的律师提出了一个错误的主张。我从未认为我理应得到律师所要求的 50% 的赔偿。我所要求的只是基于我对业务的贡献对双方都公平的数额。但我的团队却设法让我相信,这是一种策略,通过谈判,我真正得到的补偿数额比我所要求的要少很多。这给了对方律师一个很好的借口。在她最后的陈述中,马丁的律师大喊道:"陪审团的女士们先生们,这个女人是在抢夺这个男人一半的财产!"

　　突然,在最后陈述的伪装下,这个数字莫名其妙地被扔给了陪审团,而那时无法提出任何异议了。经过一天半的深思熟虑,有些疑惑的陪审团成员给法官递了个纸条,询问他们应不应该将这 50% 的数字因素考虑在内。法官最后回复他们,让他们做决定时考虑所有提出的事实。5 分钟之后,他们宣布了判决。

　　马丁胜诉了。

　　最终,真正的胜利者是律师们。在任何诉讼案件中,原告在这个所有人都更注重获胜而不是伸张正义的昂贵游戏中仅仅是一颗棋子。对方律师通过敌对关系猛捞一笔,他们将个人的痛苦和冲突转变为赚钱的机会。现在即使有足够强大的上诉理由,但说实话,对于法律诉讼的怨恨侵蚀着我的灵魂。我无法再继续下去。

第八章　未了结的问题

　　他面色惨白,驼着背,坐在那就像一个小老头。在过去的两年里,这是我第一次在法庭外看见马丁。我被他的样子吓坏了。他的每一个行为都表现出他的不愉快。尽管审讯无情,但是我的心还是沉了下来,起了怜悯之心。我再也不能和马丁在一起了,但是我无法停止关心他。

　　我们是在风歌庄园见面的。马丁正在整理那个地方,把所有东西,包括我的行李,都放进了仓库。他自己也要去住在停泊于蒙特卡洛的新买的大游艇上。

　　几天前,在我失魂落魄,不知道他会怎样对我的时候,我打电话给马丁,告诉他我们需要亲自见面谈谈。

　　"你想说什么?"他问到。

　　"我不知道。我们只是需要谈一谈。"

　　我们面对面,有很多话可以说。这是我能试着去搞懂所有疯狂背后故事的机会。他就在这里,把我所有的东西打包进箱子。要是几个月前,此情此景本会使我生气,但是现在突然这一切都不再重要了。我什么都不想做,只想远离这一切。那些律师是唯一得益于我们精神损耗的人。我已经被这个事情折磨两年多了。如今我已是受够了,不再理会这些该死的事。在我做出这个抉择的那一刻,我就改变了。所有事情都是没有意义的。既然已经这样生活了这么久,我已经不再需要任何东西了。

但是首先,还是有个急待解决的问题:

"我来这里不是为了回忆我们所经历过的每一件事情。但是我真的很想知道我到底做错了什么,让你如此针对我,我的确不想对其他任何人再犯同样的错误了。"

"你没有做错什么事情。"他回答道。

"那是为什么?"

"我只是听从律师们的指示。他们不停地告诉我你可能已经做了什么什么。"

"但是我有做那些事吗?"

"不,你没有。"他说。"所以你要什么?"

"什么也不要。那些你所坚持的每件事情都表示着你似乎比我更需要它,所以你都留着吧。"

我们也谈论了审判之后他的生活。据他描述,那是段毫无乐趣的时光。

"在你的生活中还有其他人吗?"

"没有。"他说。"我很孤独,很不开心,很虚弱。"

救 赎

他确实是这样的。2003年4月,距离我们最后一次在法庭上见面,已经过去差不多两年时间了。我忙着恢复我的生活和生计,从头开始建立一个全新的金融顾问事业。我的客户量很快就接近了马丁要求我离职时的水平。我正在回过去做我以前喜欢做的事情:跳舞、花更多的时间陪伴家人、到处约会(尽管都不是那么认真的)、经营着自己还算成功的公司,从自己的努力中获得回报。但马丁没有什么私人生活可以去谈论。就像夫妇离婚之后,朋友分成敌我阵营,他生活圈子里的人已所剩无几。然而他的举止中暗示着他渴望去拥有这些。

我们的老朋友卡罗琳·劳也证实了这一点。她和汤姆在我们审判之后就基本上和马丁断绝来往了。马丁也是卡罗琳最不想联系的人。但马丁在2月下旬,就在我和他见面的两三个月前,出乎意料地打电话给他们。汤姆那时癌症晚期,即将接受痛苦的治疗。这个消息激起马丁心中的同情与关怀,这让卡罗琳都很感动。当马丁问她汤姆的健康状况时,卡罗琳似乎感觉到马丁真挚温暖的友谊。汤姆太虚弱了，不能直接和马丁讲话，所以马丁托卡罗琳给他捎个口信："告诉他，一定要好好治疗，渡过这个难关，因为你们都要跟着我一起乘着游艇去欧洲的。"

汤姆和马丁都喜欢航行。这个许诺让汤姆捱过了好几个星期的痛苦。之后，在3月份，在等着做放射治疗时，汤姆从等候室的桌上拿起了一份航海杂志。他打开它，其中有两个版面重点展示了马丁刚刚买的那艘游艇。汤姆拿着它，好象握着一个信念，在接下来的6个星期里每天都看着这张图片。这已经变成了他牢牢抓住的一个梦想，里面的某些东西好像能带给他活下去的希望，而这对他的康复有很大裨益。因为这件事，汤姆和卡罗琳将永远感激马丁。

回想起来，当马丁面对自己死亡的时候，汤姆在那时的情况确实曾感动他。他们两人同岁，认识对方已有16年，关系极为亲密。在过去的几年里，马丁的身体状况已经恶化到需要进行心脏移植的程度了。当我们还在一起的时候，他的心脏病医生兼救生员罗伯特·西格尔(Robert Siegel)不断鼓励他在胸腔内植入一个除颤器，但是马丁坚决不同意。之后，在我们分开后仅仅几个月时间里，他的身体状况很快恶化，以至于他无其他选择，只能被迫做手术。因为他的健康状况和生活方式，他被排除在心脏移植等待者名单之外。在绝望之际，他向约翰·保罗求助。约翰·保罗一直对自己的健康很关注。当约翰·保罗看到他的时候，都震惊了。

"马丁，你看起来不太好。"他说。

"是啊，约翰，我要死了。我现在急需一个心脏移植手术，但是我没有资格。你有没有办法帮我把名字列在心脏移植等待者的名单上？"

"噢，我的天啊，马丁，这事确实太糟了。我当然会帮你的。"

尽管他们仍然是培恩业务的合作伙伴，但在过去的两三年他们的关系一直比较冷淡。但是约翰·保罗还是很关心他的老朋友，并且愿意竭尽所能来帮助他。他把马丁安置在那个能使他平静地远离外界喧嚣的比弗利山庄公寓里，让他静心治疗。他通过一些关系，带马丁去找他的朋友迪安·奥尼什(Dean Ornish)，他是世界上最受欢迎的心脏病医生之一。那个医生立刻让马丁进行严格的饮食控制，进行一些健康养生的调理。马丁认真遵循着他的建议，几个月后，他重新恢复了一些活力。不可否认，这是个神奇的转机。

所追求的一切

对马丁来说，一切都在改善，生意比以前更好。施格兰事件过后，他决定接管培恩的储仓和分销。这是他曾做过的最佳决策之一。这样不仅提高了培恩的利润，还使他再次获得了商标的使用权，帮助他应对培恩市场的任何变化。最终，他能够掌控自己的命运。公司正在飞速发展。巴卡迪找到马丁，与他讨论如何能收购培恩。当我和马丁还在一起的时候，他们提出了一个善意的报价。很显然，公司只有进一步推进改革，才能具备更高的价值。

自从我们分开，成功就一直伴随左右。马丁的富有远超他的想象。他的努力终于有了丰厚的回报。至少在名义上，他获得了他所追求的一切。之后他就出了些问题。像往常一样，当别人提及他的健康时，他一如既往地否认了心脏状况不佳和时常对健康问题健忘的毛病。他感觉自己战无不胜，又回到了当初那种生活状态。当我最后一次见他时，他的身体已经垮了，而且在快速恶化中。我从未见过他如此糟糕的样子。

我们在风歌庄园碰面之后的转天，马丁的园丁找到我在蒙特西托租的小房子，从他的小卡车上卸下来一台电视机、一些艺术品、我的相册以及对马丁来说毫无用途的美术品和工艺品。我相信这次他可能真的感觉悔过，并且试图做出些补偿。

最后的欢笑

在那次会面中，马丁告诉我他将要在转天飞往安圭拉岛。此地是加勒比地区，这里有这样一个秘密，培恩公司的总部就坐落在这个有魔力的英国西部印第安岛上。莱特朗姆酒的混合、陈酿和装瓶厂也建在此地。

我对于马丁在那种身体条件下旅行表示担忧。"马丁，你现在不应该飞往任何地方。"我建议道，"为什么你要这般糟蹋自己的身体呢？"

"很多人都靠我养活。"他说，"我不能让他们失望。"

监控他的健康状况已不再是我的职责。我无须像以前那样，确保他每天吃足够的药物，才能让他继续旅行，现在没人提醒他了。如果一切都交给马丁自己处理,他只会到处寻找西格尔医生,让他提供足够的药品。而我当然是最可能察觉到他心律失常问题的那个人。不管我俩之间曾发生了什么,我仍旧十分关心他。当他在安圭拉岛上时,我好几次打电话给他,试图探探情况。他似乎也很感激我打电话给他,从我们之间的交谈中获得慰藉,所以他尽可能地延长谈话。很显然,我俩都很希望能够再次交谈,似乎我们也在修复我俩之间的关系。

在一次通话中,我提出不再提起上诉后,他如释重负,说了句让我感到很奇怪地话:"我想让你知道,你无须担心。你会笑到最后的。"

我一直想知道我是否仍然是他的遗嘱受益人,但我不能问他。他这样说好像是读懂了我的想法。我以为他说这话的意思是他不会改变这件事,而我依然是他的唯一继承人,我不由自主地想到这可能是马丁想让我放心。而这次谈话竟成了我们最后一次交谈。

第二天,马丁在安圭拉岛的家里心脏病复发,从楼梯上摔了下来。第二天早上被保安人员发现。这个曾经高高在上位于大家关注中心的男人最后孤独地死在了楼梯下。对于这样一个不同凡响之人来说,这恐怕不能算做一个合适的结局。

我有种撕心裂肺的痛。尽管我们不再是一对夫妇,他的离去对我来说也是一个巨大的打击,我感觉自己成了遗孀。直到那时,他依然是我生命中最重要的人。不管他的律师们如何竭尽全力去否认去抹杀,无论我们最近发生了什么,他仍旧是我生命中的最爱。

令人困惑的遗产

事实上,以前曾有过两份手写的遗嘱:一份是关于他的美国私有财产,里面包括的内容不多,只有风歌地产,而这部分资产也已被拿来抵押给波兰伏特加工厂;另一份是关于马丁的安圭拉岛海外资产,包括他的培恩股本。但很显然,他已经改变了当初的想法。一份新的打印文件中包括了他的所有资产。根据这份文件,马丁把他遗留下来的所有资产都用于贫困儿童的教育事业。

这份遗嘱涉及范围包括马丁控制之下的培恩企业的50%股权——现在也是马丁遗产的一部分。我也曾质疑过这份遗嘱。但是由于我们并未结婚,如果上了法庭,马丁的遗产极有可能会判给他的血缘亲属。很明显,那不是我应该参加的一场战争。

我很多年都没有见到过马丁的家人了。2003年6月,我在洛杉矶马丁的追悼会上看过他们最后一次。我被乔恩·克劳利(Jon Crowley)的关心和爱深深地感动了。由于哥哥的离去,他深受打击,很希望和那些与马丁熟识的人交流,对于马丁从未让自己真正走进他的生活,乔恩感到气愤且受伤。

"伊拉娜,我相信他拒人之外是因为这些人知道真相并且他不想让其他人真正地了解他。因为这样的话,他将变得和其他人一样平凡而且没有那么完美。"

"你的想法有一定的道理,乔恩。"我告诉他。那可能就是我被马丁拒之门外的一个原因。但我们永远也无法得知真相了。

一周之后,乔恩给我写了一封信:

我想要让你知道,在马丁追悼会上的那些特别时刻我将永生难忘。你是唯一一个我曾哭诉过的对象。我曾经无数次想要真正了解真相。我真的需要哭诉,所以无论如何,感谢你在他身边,伊拉娜,当马丁身无一物,需要帮助的时候,有你陪着他。你就是我们与马丁联系的纽带。你把马丁与我们的家庭紧紧团结在一起,这些都是无价的。

这封信承认了我在马丁生命中的分量。这对我来说就足够了。我无须再搅进任何纷争之中。

最后的斗争

但是约翰·保罗却走进了这次斗争。他从与保罗·米切尔的合作关系中吸取了教训,所以和马丁在1996年订立了买卖协议,即他们两人中的任何一个去世后,将给另一人优先权来选择是否购买其50%的股份。马丁的死使约翰·保罗立即获得了此项权力。唯一的问题就在于定价。

他最初的报价是8位数字,这远远低于公司的价值,这是因为他还想着巴卡迪两年前的出价,那时还不包括培恩所有的其他产品,而只有培恩系列。受托人拒绝了他的提议,从他们所处的受托责任角度来看这是正确的做法。

另一问题是该协议并未充分考虑股份估值。这导致的结果是约翰·保罗现在的购买权受到质疑,而巴卡迪公司准备介入,企图从马丁的遗产受托人那里购买50%的培恩股份。至少可以这样说,巴卡迪公司的这次主动出击的收购看起来几乎是迫不及待的,当然也不太受人欢迎。

受托人把案子递交到具有培恩总部管辖权的安圭拉岛法院,目的是确定马丁和约翰·保罗之间的协议是否能够得到支持。法院正式宣布该协议无效,所以约翰·保罗把案子又递交给英国法院,对安圭拉岛的裁决提出上诉。

这一过程持续了五年,培恩的销售也平步青云。这都归功于马丁所奠定的雄厚基础,再加上约翰·保罗的领导,以及他所任命的精干营销队伍,那时的培恩品牌已经变得比以往更炙手可热。除此之外,马丁削减中间商,亲自处理分销与内部仓储等一系列举动,以及建立一个有更大生产力和更高效率的培恩新工厂的决定,这些都意味着培恩有足够的产品来满足持续且不断增长的消费者需求。这同时也意味着,培恩公司的价值已远远超过巴卡迪公司当时给马丁有关培恩酒品部分的最初报价。

国际象棋大师

自企业诞生初始,培恩酒业的营业收入就节节攀升。约翰·保罗和我一直保持着联系。有一次,我访问他的马里布庄园,我们相互诉说近况,突然我好像明白了所发生的事。我摇摇头,大笑着说:"哇,约翰·保罗,我刚刚才明白。这件事留在法庭的时间越长,你离培恩接近其另一半真实价值越近,因为培恩的销售每年都在成倍地增加。"

他笑得像只猫,接着话题回答道:"你说对了,伊拉娜。"

不过,上诉仍在进行中。巴卡迪公司在英国法院向受托人提出1.75亿美元的报价。如果受托人对约翰·保罗不承担任何义务,并能把马丁的一半股份卖给任何他们想要卖的人,他们就可以了结这桩事,继续下一步,即建立马丁风歌信托,致力于世界各地的贫困儿童教育事业。受托人当然接受了这个报价。这一次真让约翰·保罗感到震惊。现在的情况非常危险,他很可能会输掉这场斗争。因此在2007年1月,他使出了大招,对于马丁的一半股份他给受托人7.55亿美元的报价。他们当然激动得接受了。现在只有一个问题:他们已经接受了巴卡迪公司的第一次报价。巴卡迪公司坚持认为受托人已经接受了一个公平的价格,所以立即在安圭拉岛法院提出禁令来阻止这次交易。

《商业周刊》将这场培恩控制权的争斗描述为一次"酒吧斗殴",但它并非如此。它更像是一个高风险的棋局,而约翰·保罗是它的加里·卡斯帕罗夫(Garry Kasparov),下出了棋王耐心且有战略技巧的每一步。我自始至终都站在场边,为他加油。令人欣慰的是,这次不是我的战斗,但我知道马丁希望将培恩留给一个像我们一样热爱和理解它的人。它是我们的孩子,也是约翰·保罗的孩子。自它诞生的那刻起,他就一直在那里和我们一起培育品牌。没有其他人更有资格管理这个公司。

又一年过去了。情况再次对约翰·保罗有利。培恩的收入继续大幅上扬。约翰·保罗是一个谈判高手,他最后直接找到巴卡迪公司,向他们提出出让股权一小部分的合作建议,而他们则欣然接受了。他还为通过马丁遗产所设立的慈善机构提供了一笔数额未公开的款项。约翰·保罗用巧妙的方式使所有人最后都能开心。

每个人都是赢家

2008年7月,约翰·保罗和巴卡迪公司联合宣布公司少数股权的处理办法。巴卡迪公司副董事长巴里·卡巴尔(Barry Kabalkin)在公司董事会中占有一席,而约翰·保罗则成为企业的所有者。

在新闻声明中,约翰·保罗宣布:"马丁和我有一个共同的承诺,帮助那些在世界各地需要援助的人们。我很高兴地说,这项协议的实现,对于那些最需要帮助的人意义非凡。公司在这方面已经做得非常出色,这很大程度上是我们优秀的员工队伍的功劳。我们将与巴卡迪公司携手,在此基础上创造出更加辉煌的成功。"

为了表示友好,巴卡迪公司董事长法昆多·巴卡迪(Facundo Bacardi)也有几句赞美之辞:"约翰·保罗·德约里尔和已故的马丁·克劳利都要因创造了一个非凡的产品,并使其在市场上获得巨大的成功而骄傲,我们感谢他们为龙舌兰酒行业的整体发展而做出的贡献。我们十分期待这一新的合作关系。"

约翰·保罗赢了。因此,培恩也赢了。虽然我与公司已毫无瓜葛,我仍然关心马丁的遗产能否得到妥善的管理。培恩已摆脱过去的问题,现在蓄势待发的增长势头远超出马丁最大胆的想象。我很放心,我们培育的这个孩子将会有个光明的未来。

第九章　今天的培恩

几年前,我接到一个男人的电话,自称是代表某位名人。他告诉我这位不愿透露姓名的名人对购买一个龙舌兰酒品牌很感兴趣,还通过某种方式了解到我很可能知道在哪儿能找到这样一家能做出最好龙舌兰酒的工厂。他的客户一定会因为我向他做的任何介绍慷慨地酬谢我。

碰巧我的确知道这样一个地方。那是最初为培恩生产龙舌兰酒的工厂,由于和马丁的一次争执,该厂已经停止向培恩供应酒品。厂主了解到,十年前马丁已经用他们最初的名字注册了世界范围的品牌权,却从未告诉过他们。马丁和我曾为此事辩论多年。尽管马丁让他们变得富甲一方,远超他们想象,但这次他们确实被激怒了。马丁与厂主之间的分歧已经存在很多年,但这次特别的疏忽将马丁与他们的关系推向不可挽回的局面,这一点,我从双方都可以看得出来。马丁无非采取了一个合理的商业行动。马丁不想看到工厂家族冒风险把培恩的竞争对手送到市场上,但那时他本应该早些把事情告诉工厂家族。纯粹出于愤怒,该工厂停止向培恩供应酒品。

作为一个品牌分类,顶级龙舌兰已经成功被市场认可。如果有正确的市场销售,该工厂重返市场也必将十分成功。他们用传统方式制造出高品质的龙舌兰酒。然而我与龙舌兰的旅程已结束很久,我不仅不会这样对待培恩,而且我也不太喜欢这种第三方身份的神秘感。

我告诉这位名人的中间人:"我究竟为什么要和一个不愿表明身份的人做生意呢?"

中间人说:"他的名字叫吹牛老爹(P.Diddy)"。

"哦,请告诉库姆斯(Combs)先生,如果他真感兴趣的话,就应该自己打电话来找我,我真的不太喜欢通过第三方做生意。"

而真正的事实是我与龙舌兰生意的旅程在我和马丁分开那天就彻底结束了。我与培恩仅有的联系是作为一名消息灵通的观察者和一位热情的粉丝,所以我从未认真考虑过与说唱巨头达成协议的可能性。

但是培恩与嘻哈音乐的联系激起了我的兴趣。在早些年,这一点尚未引起我的关注。几十年后,当库姆斯先生的名字突然出现在我和约翰·保罗谈论有关培恩对不同文化影响的谈话里时,约翰·保罗的反应令我出其不意。

"嗯,是的。他是我的好伙伴。我们是好朋友。"

新视域

事实证明,约翰·保罗已经和许多音乐界、说唱界的品牌爱好者保持亲密的关系,其中包括科罗·格林(Cee Lo Green)和史努比狗狗(Snop Lion,之前叫Snap Dogg)。他还通过各种各样的慈善活动和他们聚在一起,比如史努比狗狗在牙买加参与的心灵花园项目。该项目主要帮助相对贫困的家庭种植更多的花园。

说唱界已经将培恩作为其酒品的独特选择,甚至在很多音乐上都使用其名来押韵。约翰·保罗告诉我,到目前为止,培恩已经在两百多首歌曲里被提及,包括说唱音乐、流行音乐、乡村音乐等,而大部分出现在嘻哈音乐中。随着这一流派的艺术家和表演家逐渐成熟,在各个行业变得越来越成功、越来越富有经验,他们对品牌的贡献逐渐彰显。

培恩已经成为一种生活方式的象征,那就是一个人可以在生活中渴望的所有最美好的事物。这种生活方式在奖赏成功的文化氛围中极为强大。正如早期我们无须为培恩在好莱坞电影中出镜付费一样,在这些音乐中对培恩的提及也完全是自然发生的,这些都得益于产品的优质和忠实的粉丝群。这种开放结构的营销风格背离了著名商学院所教授的一切准则。"识别并定位市场客户才能有效营销"是他们的座右铭。但是对于我和马丁来说,缩小客户群是行不通的。

除了音乐以外,我承认自己不怎么了解说唱界的情况,尤其是他们对酒品的选择。当我碰巧对有趣的戴蒙德·约翰(Daymond John)提及我正在记录培恩早期的故事时,这位与说唱音乐有着很深渊源的企业家,同时是美国广播公司ABC真人秀鲨鱼坦克(Shark Tank)的明星友好地向我介绍了关于说唱与培恩品牌的重要关系:"这种关系能够持续,因为它是有机的。当我们第一次邂逅培恩时,感觉它更像是一个非商业品牌,它并不是被推销给我们的,它是被我们所接纳的,人们喜欢这种发现的感觉。"

戴蒙德是个明智的人,他具有一种能够感知顾客需求的特殊天赋。从纽约皇后街起步,他开始打造世界知名都市服装品牌FUBU,其销售巅峰期的营业额达到4亿美元。

据他所说,当马丁还活着的时候,说唱界就已经发现了培恩。戴蒙德第一次偶遇培恩是在2001年,在新奥尔良,那时他正为所代表的说唱音乐创作者乔纳森·史密斯(Lil Joy)进行音乐录音。他不是一个龙舌兰酒粉丝,但戴蒙德被其与众不同的品质所吸引。他说"我以前在红龙虾(全球性海鲜餐饮连锁店)做过服务员,所以金快活是我唯一知道的品牌。但是培恩尝起来更棒,事实上,它不同于任何其他品牌。"

乔纳森·史密斯一直挺怪的,在当时以他的长发辫、金牙和简短口头禅著称。但同时,他也是一位具有很强影响力的多产音乐创作人、时髦风尚缔造者。多文化背景的各色粉丝在很多领域都跟随他的脚步,从喜欢的音乐,到买哪些运动鞋。他大张旗鼓地手拿培恩瓶出现在各类派对、新闻场合及各类视频中,这些都帮助我们在都市年轻人市场确立了品牌。

经过一些深入的研究,我了解到对培恩的提及已经渗入说唱文化。曾有一段时间,格莱美音乐创作奖获得者杰梅因·杜普里(Jermaine Dupri)在很多聚会时,只喝有名的培恩酒。培恩也曾出现在流行音乐明星亚瑟小子(Usher,杰梅因·杜普里的特别宠儿)的一个音乐专辑视频里。当然培恩也在其他很多视频中出现过。甚至还有一首歌完全来赞扬这个品牌。歌名叫作"培恩龙舌兰",歌唱者是天堂女孩(Paradiso Girls),它是由五个性感年轻女孩所组成的女子乐队,这个乐队不禁令人回忆起美国女子组合小野猫。

真实吸引力

　　培恩有着深入多样的市场渗透力,这个事实显而易见。但我对其原因更感兴趣。

　　"人们感觉和培恩之间的联系比和其他品牌的联系要多。"戴蒙德解释说:"潮流创造者发现一些事,他们觉得每个人都应该成为其中的一部分。随着市场的扩大,培恩品牌已经拥有'我是首批拥护者'心态的核心消费群。"

　　培恩的某种真实性吸引着最挑剔的消费者。在其他龙舌兰酒品牌走高品质路线之前,培恩就已经在这条路上发展壮大了,它被看作为龙舌兰酒的"官方品牌",与它相对应的是那些仅仅为特定市场而生产的酒品。当然,这种意识一旦形成,再加上上乘的口感,品牌就进一步巩固了极为忠诚的消费群。

　　几年前,曾有一个新的龙舌兰酒品牌借助有很多年轻观众追捧的热播电视剧《明星伙伴》(*Entourage*)被推出。这个电视剧的编剧大概与该龙舌兰酒品牌的老板有合作关系,编写了一个非常接近我们自身故事的叙事主线:在墨西哥一个偏远地区发现了一种不知名但高品质的龙舌兰酒,这个节目中的一个角色将它带到洛杉矶。这的确是个聪明的做法。模仿就是最真挚的恭维。但是在我看来,真正的龙舌兰酒鉴赏家知道这两种酒品之间的差异。

　　有影响力的消费者欣赏一个通过口口相传和真正的鉴赏家品鉴认可后而自然形成的品牌。而这就是我们开始建立自己品牌的方式:不去细分市场。当你创造的东西令人神往、高不可攀,你就没有必要去追逐市场。

　　戴蒙德解释说:"能够销售的最简单的东西就是事实。"

　　其他品牌也都尝试过,恰恰就反映了上述问题。都市年轻人市场对烈酒行业变得极为重要,随之而来的是很多公司竭尽全力去创造一个吸引此群体的产品。跨国公司为了得到所谓"酷"的认可在市场营销方面投入数百万美元。但这在某种意义上说是具有欺骗性的,因为这个消费群体有一种善于侦察伪装的天性,如果你用力过猛反而会适得其反。

　　这种经过人为策划的做法在极少数的情况下是可行的。烈酒行业的巨头帝亚吉欧(Diageo)用数百万美元支持诗珞珂(Ciroc)伏特加品牌,聘请吹牛老爹库姆斯先生作代言人,而且给他此品牌的股份。为了让其成为伏特加酒中的领军品牌，此做法是一个成功且睿智的博弈。现在诗珞珂是这个公司最畅销的品牌。库姆斯先生一直是位出色的代言人，而诗珞珂也就出现在流行的"鼠帮"主题（专指彻夜狂欢豪饮、成天忙于追求金发美女的摇摆乐歌手）电视广告里。但是强调高贵、优雅和有节制的庆祝不是什么新的理念。我们已经这样做很多年了。

不同、亦相同

自马丁去世后，抓住都市年轻人市场只是培恩品牌演变的方法之一，与此同时，这也是培恩真正一直所坚持的：一个品牌的目标永远不要针对某一特定市场。我们保持一贯的高标准：在质量上绝不妥协，同时在享乐上也绝不妥协。

培恩市场分销策略的变化时机已经成熟，它已确立了其全球化的品牌地位，不能回到从前的运营方式，所以发展问题渐渐突显。改变从来都不太容易。

培恩的改变是从领导者开始的。当时马丁面试和聘请埃德·布朗（Ed Brown）时，我在现场。埃德·布朗是施格兰公司的前高管，后来是培恩的销售总监。在我的印象中，他很敏锐，在许多消费品牌营销领域有着丰富的经验。在施格兰公司，埃德·布朗一直负责销售额50亿美元的业务，业务范围是总部设在新加坡的亚太地区。他从一个大公司来到培恩，知道如何帮助培恩进入一个全新的发展阶段。但马丁仍是培恩的决策者。

我随后从约翰·保罗处了解到，在最后的几年里，这种管理风格造成了约翰·保罗和马丁之间的紧张关系。问题的焦点是马丁坚持在广告活动中用性感的玩伴，因为这种方法已经被使用多年。但是其他人感觉现在到了换一种新方法的时候了。坚持以往有效的方式是有价值的，但是你要能够看清一致性与执着于老旧方式的区别。

新管理体系

马丁去世后，约翰·保罗接管了企业所有决策权。他和埃德·布朗立即停止使用性感女郎的宣传，让培恩本身成为平面广告的主人公，用"简约的完美"（Simply Perfect）的宣传标语搭配漂亮的瓶身。培恩女郎已经过时，现在在促销活动中你更可能看到一个外表整洁干练的年轻男士为您倒上一杯酒。就我个人而言,我很怀念培恩女郎,但我明白要去适应时代。

马丁白手起家,让业务从无到有,他做得已经非常出色。这么多年他完成的工作着实令人惊讶。在他的领导下,公司不到 12 个人,他自己要亲自负责业务的各个方面。当百加得想要收购公司时,马丁意识到百加得想要购买的是他的决策,他意识到必须做些改变。在那之前,我们不具备一个公司结构。马丁全权处理所有事物,包括生产、销售、市场营销、财务等。我们迫切需要一个较为正式的公司框架,所以他开始把公司分为若干部门,招聘各领域最好的人才去管理和运营这些部门。这个过程进行得比较缓慢,马丁不太习惯授权。

约翰·保罗的特殊优势在于能够寻找到最佳人选,并给予他们最大的信任。在掌控整个业务之后,他为培恩带来的不仅仅是资源,还有一股全新的热情和视野。他雇用了一个新团队。这个团队中很多人来自 2000 年破产的施格兰公司管理层。在现任总裁兼首席执行官埃德·布朗的领导下,培恩拥有了完整的部门框架,分别负责促销活动、市场营销、社会媒体和销售。

培恩公司的目标是提高市场渗透率。虽然我们已经把培恩销售到全国各地和一些国际化超市,埃德·布朗和约翰·保罗想让培恩遍布世界。他们的想法是正确的。所以他们开始强化分销团队,确保培恩在每个酒吧、餐厅和零售店都有供应和储备。影响销售增长的唯一问题是供应不足,但是这个状况很快得到了改善。通过强化分销,培恩在真正意义上满足了作为全球品牌的需求。2012 年初,培恩进一步打开亚洲、太平洋地区、欧洲、中东和拉丁美洲的新市场。

实际上,现在东亚是培恩增长最快的市场。在 2011 年,东亚地区的销售额增长了 82%。其销售团队一直努力在各个旅游零售点拓展培恩品牌,包括东京成田机场的免税商店、韩国、柬埔寨、中国台湾,以及那些粮食酿造酒占主导地位的国家。现在,培恩在 130 个机场和 700 多个免税商店都有销售点。

培恩现如今已经销往 120 多个国家,其全球分销公司遍布各地,从安道尔到津巴布韦。现在培恩的产品包括终极伏特加、香橼橙味利口酒、各年份培恩莱特朗姆酒,这些到处都能买到。从基辅到赫尔辛基,培恩迷能通过是否提供培恩酒来判断当地酒吧的质量。现在在墨西哥也能买到培恩酒,具有讽刺意味的是,在马丁掌权期间,墨西哥不销售培恩酒,因为马丁不想让培恩沦为当时盛行的灰色市场的牺牲品。

据我了解,培恩一如既往地增加曝光率和市场覆盖率,在新管理体系下,这种情况下更是以百倍速率发展。所有工作都更具规模。过去,约翰·保罗在一些约翰·保罗-米切尔展会或活动中提供培恩酒。自2004年起,培恩出现在拉斯维加斯所有该活动中,这些活动的参加者是来自世界各地的3 000个顶级发型设计师。在所建立的酒吧中有样品免费赠送,培恩品牌的花彩装饰整个活动。对约翰·保罗而言这当然是双赢的。他给予那些其他业界客户特别的感觉,他们反过来则成为培恩品牌的大使和消费者。

都是引擎

所有培恩应该做的事都终于完成了。根据《广告时代》的报道:2006年,培恩用2 500万美元作为广告活动经费预算,实现了广告支出150%的增长,使它跻身为烈酒行业中广告支出最大的企业之一,与灰天鹅(Grey Goose)和百加得(Bacardi)等巨头齐名。经费预算中还包括高达500万美元的培恩电视广告首秀。如此巨大的投资在马丁还活着的时候是无法想象的。

在2007年,市场推广继续进行。当时企业还建立了培恩社会俱乐部,成为企业社会媒体的先驱。会员制网站为培恩迷提供独家鸡尾酒配方以及一些特别活动的参与权。另外,它还为订阅本网站的那些眼光独到的美食家和调酒师建立了一个特别的餐饮协会。该俱乐部的目的是建立培恩爱好者的团体归属感。独家鸡尾酒配方,特殊菜单让令人激动的用餐体验变得更加难忘,大家还需要回答谜语来解锁下一个培恩聚会的神秘地点。这些谜语中除了包含有关培恩的信息,还包括一个环节,被称为"识别你的瓶子",这样会员可以找到这个有着唯一编号的培恩酒瓶的起源,了解瓶中龙舌兰植物生长在哪片区域,在什么年代被收获、装瓶、蒸馏,这样他们个人与培恩品牌的联系就能得到不断的增强。

培恩社会俱乐部涵盖印刷物、电视、广告牌等各种媒体,以"有些完美争议不断,有些则毋庸置疑"为宣传标语。目的是邀请消费者表达其对培恩以及整个生产过程的看法。但是网站能做的远超所有二维信息平台,它可以建立消费者列表,从而加强现有买家对品牌的忠诚度。他邀请会员建立一个客户档案,询问他们关于时尚、夜生活、他们最喜爱的酒吧等信息,这样培恩就可以制定出个性化的营销方案,努力让消费者从一些活动中,如抽奖、靶向产品推介等,感受到特别的消费体验。这是在本行业内无与伦比的个人普查。作为一名愉快的消费者,他们将成为品牌最好的宣传。

我不禁会想，如果早期我们就接触了如此精妙的在线营销，那么培恩当时的发展会有多快。话又说回来，如果我们发展过快，这种专属感就荡然无存。或许，像培恩一样，我们早年特殊的魔力就源于这种缓慢、精心的培养和强化过程。无论哪种方式，决定建立培恩社会俱乐部是对马丁和我在尚未接触社交媒体时试图创建社交体验这一想法的绝妙延伸，这是同一主题的变体。但我们并没有忽视这一最重要的元素，并在此前提下已经积累了成百上千的追随者。

直至今日，培恩仍然保持一种姿态，那就是只与最好的人、地点和事件相关联。它与名人的关系继续深入发展。约翰·保罗的一个亲密朋友丹·艾克罗伊德（Dan Aykroyd）最近接管了培恩在加拿大的经销权。这不仅仅是一个名人宠爱项目。丹已经拥有了顶级伏特加的酒标，所以他不仅仅是品牌在市场上适合且受人爱戴的代名词，他还是熟悉酒品商业模式的专家。

培恩团队

除了名人效应，绿色和黑色的培恩标志色彩继续点缀着一系列重大事件，比如圣丹斯电影节和MTV音乐大奖颁奖礼。这些色彩会以一些令人激动或出乎意料的方式出现。马丁一直想让品牌延伸到生活方式和娱乐的其他领域。如果他还活着，他就知道这一切都已梦想成真。培恩成为美国勒芒系列赛事的现任赞助商，此赛事旨在投资汽车、赛车，拥有大量的广告牌和培恩聚会。

很巧的是，埃德·布朗是一名赛车手，在多次比赛中都驾驶培恩烈酒法拉利F430GT赛车参赛。他长期支持消费者汽车运动营销，于是利用勒芒系列赛事在赛道上通过大型广告牌和培恩俱乐部观众休息室的招待活动来彰显品牌特色。此休息区专门为高端勒芒消费者提供一种培恩生活方式的深层体验。此外，约翰·保罗的美丽女儿，亚里克西斯·德约里尔（Alexis DeJoria）也是一名专业赛车手，也驾驶由培恩作为燃料的培恩汽车进行比赛。它可以说是最清洁的燃料了。这些赛车和约翰·保罗自己具有培恩装饰的哈利戴维森摩托车使得培恩车队阵容强大，并且这些赛车都坚持环保原则。

龙舌兰快速号

培恩完成了本产业中最具创造力的一些品牌延伸活动。马丁没能实现建立一个培恩航空公司的梦想,但约翰·保罗想出另一个绝妙的主意。他将视野聚焦于地面豪华旅行。他与美国铁路客运公司合作制造翻新了一辆1927年产的旅行车,起名为"培恩龙舌兰快速号"。该车用最好的大理石和木镶板装饰得像宫殿一般,在各地的各式培恩派对中露面,无论是2012共和党或民主党集会的小乡镇,还是在肯塔基马赛期间,约翰·保罗和埃洛伊丝为特邀嘉宾提供鸡尾酒。

这辆长约85英尺的车当年曾经接送过克拉克·盖博(Clark Gable)和哈里·杜鲁门总统(Harry Truman)这样的大人物。现在这辆车不只是为这个对复古旅游有兴致的亿万富翁服务。约翰·保罗将它作为一个背景,来提高人们对约翰·保罗和培恩公司所致力的慈善工作的认识,并借此筹集善款。在2010年,他为资助圣伯纳德(St.Bernard)项目,乘坐该车前往新奥尔良去。此项目是非营利性质的,旨在帮助那些仍然遭受卡特里娜飓风影响的新奥尔良人,帮助他们重建家园、提供工作机会或心理辅导。

对于约翰·保罗和培恩而言,企业慈善不是什么新鲜事,他们的努力也不单单体现在开支票上。约翰·保罗和培恩团队积极参与慈善事业,共同筹集资金,跟踪资金筹集结果。"携手为海地"项目旨在筹集资金在海地建立能够抵御飓风的学校。"微笑列车"项目旨在为世界范围内的贫困唇腭裂儿童实施矫正手术。"疟疾不再"项目为非洲的贫困儿童免费赠送蚊帐。"对抗饥饿行动"是培恩大力支持并提供资金的一些任务明确且高效的组织群体。这些工作保持了培恩的传统。培恩并非像很多其他企业一样盲目跟随联合慈善总会。这些组织和项目都经过培恩认真研究并审慎筛选,无论是作为培恩雇员还是普通人,大家都欢迎拥护它们。这是一个当今顾客所期望的有机联系,它能够带来真实感。用约翰·保罗的话来说就是:"不懂得分享的成功就是失败"。

增长因素

所有这些创新的举措使得培恩见证了十年的惊人成长。培恩酒业的全球营业额已增长到每年10亿美元之多。尽管培恩只生产超优质产品,迄今为止它依然是龙舌兰酒品的行业巨头。培恩创造性地改革了烈酒产业,引发了酒品向高端优质靠拢的变化,在这一领域取得了惊人的业绩。

在这场龙舌兰酒类领域的惊人变革中,自从培恩登场,在2012年12月,烈酒分销巨头帝亚吉欧决定告别曾经的商业统治者金快活。帝亚吉欧一直在寻找一个更高档的龙舌兰酒品牌,这致使两者16年的商业合作关系走到尽头。有些分析人士认为这对于帝亚吉欧而言,绝对是一个明智的选择。

据美国蒸馏酒协会对烈酒市场的跟踪调查显示,高端龙舌兰酒的销售额相比2003年的49.7万美元,已经增加了近3倍,在2011年达到173万美元。早在1997年,龙舌兰酒在烈酒市场仅占据最小的份额,充其量只是该行业的小参与者。而今,它已取代法国白兰地和威士忌酒,成为仅次于朗姆酒和伏特加酒的第三大品类。随着每年销量的持续增长,培恩已成为该快速增长酒品行业中最主要的推动力。它是首个销售量超过100万美元的烈酒品牌。目前,培恩已经占据超过70%的高端龙舌兰酒市场。

培恩现在已经达到一种境界——不再需要在自己的商标后赘述"龙舌兰酒",因为它的品牌已广为人知。从最近一则由某企业巨头所拥有的另一竞争品牌的商业广告来看,培恩早已成为经典,这让那些竞争者们伤透脑筋。在这则广告中,来自电视剧《黑道家族》的一名演员讥讽培恩的包装风格,嘲讽这一品牌的女性气息,然而观众看到的最后一幕是不远处培恩的瓶子。正如任何傻瓜都知道的,耳听为虚,眼见为实,特别是在市场营销领域,这家公司实际上给竞争对手做了一次免费的宣传。如果我是这一公司的老板,对于一家只会为盲目提高品牌形象而一味鼓吹预算的广告代理商,我一定会和他们解约。我相信约翰·保罗对于这样一种方式的赞美一定很开心。

因爱而建

马丁去世之后,培恩的生意呈爆炸式突增,以至于不得不进行迅速调整来升级产品、扩大生产力。数百万瓶装酒来自位于墨西哥哈利斯科阿托托尼尔科小镇的培恩庄园。这一场所是马丁生前在弗朗西斯科的帮助下构思设计的,在他去世后由培恩团队负责建造。几年前,我突然接到弗朗西斯科打来的电话,他将要来洛杉矶出差,想顺道看望我。尽管在马丁去世之后,我们一直保持电话联系,然而却没有当面交谈过。能够再一次见到老朋友,我非常激动。晚餐过后,他告诉我:"我们已经实现了马丁的梦想。"

培恩庄园是一个完美的综合建筑群,它一部分是工厂,一部分又像宫殿。从美学角度,宫殿装修得颇具旧世界墨西哥传统农庄风格:有居住区、会议室、有顶级大厨为工人们准备食物的传统墨西哥餐厅以及教堂和漂亮的花园。培恩一直与当地社区合作,并为小镇的孩子们和工厂工人建立了一所学校。

任何一个曾经和马丁共事过的人都会告诉你马丁推崇奖赏制度,他以仁慈与尊重来对待他的雇员们,这也是约翰·保罗和马丁始终坚持的信念。培恩庄园构建的出发点是培恩员工,因为他们才是培恩商业运营的核心与灵魂。只做世界上最好的龙舌兰酒不仅需要时间和技术,更需要热情和责任心。培恩是世界上第一大出产百分百龙舌兰蒸馏酒的供应商,其生产设备也为满足国际需求而不断完善。尽管如此,培恩依旧保持以小批次生产优质产品。今天,每一瓶龙舌兰酒在运送之前,从龙舌兰的收获到最终贴上标签都要经过60双手。在培恩庄园的每一个经过手工编号的瓶子都是完美且独一无二的。培恩工人对于自己生产的产品充满着自豪感。

但请不要让旧世界法国殖民庄园的表象欺骗了你。培恩庄园还拥有尖端技术。数年前,在酒品蒸馏厂建立了一个耗资数百万美元的重复利用装置,这在龙舌兰产业史上堪称第一,它完成了产品生产过程中的废水资源回收再利用。随着生产量的增加,控制其对环境的影响变得十分必要。在龙舌兰酒被制作之后,会剩下一些未用完的蒸馏液和酒糟。对于这些废物,培恩没有选择丢弃,而是逐渐开发出一套重复利用系统,可以回收酒糟中70%的物质生产可用水。重新回收的水随后可用于设施中的冷却塔,还可以用来清洁与灌溉培恩庄园里的花园。

剩余30%的物质被用来给培恩的种植土地堆肥。龙舌兰酒当然要从当地的龙舌兰植物中蒸馏提取,但并非这一沙漠植物的每一部分都可以被用于蒸馏。培恩并没有将这些未使用的龙舌兰植物组织当做废料处理,培恩将植物残渣与蒸馏后产生的酒糟混合而制成堆肥,用来给培恩庄园的有机蔬果园的谷物提供养分。这些谷物可以为龙舌兰工厂工人和当地人提供食物。而这些堆肥同样被用于龙舌兰种植区,还可以免费提供给当地乡镇建造足球场、花园或其他地方。

超级优质

生产的各个方面都在不断发展,产品经营范围也如此。除了培恩莱特朗姆酒,还有高端品牌终极伏特加。但他们没有像马丁一样投资一家波兰工厂。至于龙舌兰酒,市场上有很多商家都声称自己为高端酒品,因此培恩抢先几步,为每一位顾客提供所需——不论是培恩最初银酒的忠实粉丝,还是期望猎奇的富有鉴赏家。除了银酒、金酒、陈酿酒、香橼橙味利口酒,还有另外一个深受喜爱的系列,那就是培恩 XO 咖啡龙舌兰利口酒——XO 咖啡黑巧克力龙舌兰系列。公司还推出培恩白金龙舌兰酒和守护神波尔多陈酿龙舌兰酒。

在 2007 年,公司推出培恩白金龙舌兰酒。这种酒选用最佳龙舌兰植物。酿造这种龙舌兰酒所需要的龙舌兰由于其高含糖量被人工选出,经过三次蒸馏,之后放入橡木罐中。作为培恩销量最好的商品之一,其零售价约为 250 美元。这个价格如果放在二十多年前我们刚开始业务时就是天方夜谈了。

最近,弗朗西斯科制造出一款售价约 500 美元的守护神波尔多陈酿龙舌兰酒,这个想法来自他和马丁。这是一款从当地最好的韦伯蓝色龙舌兰中蒸馏而成的限量版陈酿龙舌兰酒。守护神波尔多陈酿龙舌兰酒需要若干年陈酿,它最初被放在美国或法国橡木桶内,再经过至少 12 个月的陈酿成熟期,在此之后,拿出再次蒸馏,然后放入从法国最好的酒庄中人工精选出的老式波尔多葡萄酒桶中。

作为此工序的设计者,弗朗西斯科解释道:"我们蒸馏三次是为了增加一种有别于其他烈酒的柔软感和顺滑感。"

此新产品在包装上也煞费苦心,包括手工熔蚀的水晶瓶、银质瓶塞,封装于讲究的木制箱或天鹅绒及绸缎陈列箱中。最近,我看到一个关于培恩限量版酒品的文章,这使我异常兴奋。瓶塞是由时尚设计师约翰·瓦维托斯(John Varvatos)所创造,它的外形像一个华丽的吉他,大家都对它爱不释手。这使培恩又一次拔得头筹。

荣誉与奖项

从陈酿朗姆酒和顶级伏特加,到简单、纯净的培恩银酒,这也是培恩最核心的酒品，马丁留给世界的是全明星阵容的一流酒品。这些酒品不但没使最初的培恩酒降低其特殊性，随着制酒标准的一贯秉承，即使产品种类繁多，每个新产品都对其他产品有效地强化推动。实际上，培恩的贡献早已被业界所承认，2004年，它获得美国优质服务科学学会颁发的五星钻石奖，这也是烈酒第一次获此殊荣。

尽管成长迅猛，培恩仍然保持小批量加工方式，这是由弗朗西斯科和马丁经过若干年不断完善的工艺。

即使我与培恩的关系已经结束，我仍然对其业务所取得的惊人成功感到自豪。约翰·保罗和他的团队用关心、爱和尊重精心地培养着我们的宝贝，实现并超越了马丁的梦想，这些都远远超出我们在早年能够预想到的，对此我满怀感激。

对我来说，培恩不仅仅是一个品牌。它代表着我和马丁之间的一切。它象征着我们生命中一段无比快乐和充满创造力的时期。它见证了我们所共享的这段生活的精致与美。

约翰·保罗、埃洛伊丝和我延续着我们的友谊。我与公司的一些高管也保持着密切的联系，他们中的有些人是我在公司时就加入的，还有些人在应聘时还得到过我的帮助。我希望大家可以把我当作培恩家族的一个老朋友，每当我们有机会在圣诞派对或周年重聚时可以用温暖和爱来迎接对方。我是他们与过去的联系，代表着培恩这个经典品牌的发展根源。尽管我与培恩已无正式关系，它依旧是我的一部分。我将永远是"培恩的一扇窗"。

后记　了无遗憾

在我们分开的那段期间——在法庭审判之前、过程中以及之后,我曾有几次见到过马丁,但都挺奇怪的。我们没有讲话,但是我能看到他将车停在我家门外,他只是坐在车里,不曾从车中走出,也从来不会过来敲门。这种情况不止一次了。然而这并不像他想保持谨慎,因为开着的一辆法拉利让他显然易见。事实上,在很多场合,朋友和熟人们都曾打电话给我,提醒我注意马丁这种类似监视的特殊行为,有时他往往能逗留几个小时。

他甚至在一个元旦前夜整晚都待在我家门外。那时我在招待朋友,没有注意到他的存在。几年之后,当卡洛琳告诉我时我才意识到这件事。如果我早知道,我很确定自己会邀请他进来喝一杯,至少会走出去到他车里敬一杯酒。一想到他自己一个人在那里,我就很痛心。看到屋内所有人都在庆祝,而他则独自悲惨地坐在那里。没有人会如此这般地度过跨年夜,特别是像马丁那样喜欢群居的灵魂。这相比从前我们曾共享的欢乐时光是多么鲜明的对比。

两年之后,当我面对面见到他时,我问他为什么那样做。

他说:"我不知道,我猜我可能只是想瞥一眼狗狗们。"

在那段时间里,马丁从来没有问过一次我们的狗怎样了。事实上,我俩分开之后,他如此疏忽,以至于我们漂亮的锦鲤鱼都被饿死了。它们中有一些已经至少有50岁了。并且他看起来并不是想来看那些狗,因为我一般不把狗拴在屋前,他们都是在后院的,视线被完全遮蔽,更别说想要从一辆法拉利斗式座椅里看到它们了。我知道他来这里的真正原因:马丁想我了。但是他并不想通过承认这个事实来给我一种满足感。但从他所做的每件事情来看,我坚持这样认为。它告诉我无论最后我们之间发生了什么,他都不会真正停止对我的关心,他爱我就像我爱他那么多,并且会持续下去。

自从马丁死后,我从未停止去想为什么事情以这样的方式结束。我俩前前后后的所有,就像是在坐过山车,其间充满快乐、绝望与心碎,我不能退一步看清到底发生了什么。但现在一切已尘埃落定,我想我知道了。

这远非浪漫的流逝。尽管玫瑰的花朵已凋谢,但我们在各种意义上仍然是最好的朋友和搭档。这些都没有什么原因能去改变。我们正式分开时,达成一致,那就是该是向前看的时候了,但马丁似乎仍然难以在没有我陪伴的床上入睡。

我越是这样想,就越相信他的弟弟乔恩是对的。当马丁的幻想越来越宏伟,当他越来越成功时,他感觉到需要对那些对他太了解的人保持一定的距离。在内心的最深处,他竖起了一道自我保护的围墙,而上帝则会帮助那些靠得太近,受到威胁要击垮这面墙的人。

创业,活出我们的生活方式,这些是马丁愉快人生的全部。直到这一切变得巨大无比,他一想到有一种倾家荡产的可能性就惶恐不已。这就像是遍布全身的肿瘤,导致他怀疑所有人,包括那个愿意在他身上倾注整个人生的女人。

我并不完美。在最绝望的时刻,我曾经做出过反击。在法庭审判之后,我无比愤怒和痛苦,雪上加霜的是,马丁竟然起诉要求我负担总计高达 80 000 美元的法律成本。他之前在风歌庄园办公室用沙子填补锦鲤池塘,来欺骗绝不会允许这一行为的建筑检查员,同时他也在未获得房地产许可证的情况下建造了一座非常漂亮的法式乡间宾馆。在我备受压迫的状态下,我向圣巴巴拉政府报告了所有情况,马丁被迫支付了高昂的罚款。但是复仇并没有使我感到开心,这并不是我,我对自己沉沦到如此地步感到厌恶与巨大的后悔。

十年后,我不仅对所发生的一切淡然处之,我甚至非常感激。马丁给了我两个最棒的礼物:许多人一辈子甚至是在梦里都从未有过的体验——一份全身心的爱以及一个与他共享梦想的机会。没有他,我可能永远不会经历发展像培恩这样一个经典品牌的惊险与刺激。能参与到世界上最好的龙舌兰酒的生产与营销是一份特权与快乐。我不哭泣,因为一切都已结束;我微笑,因为它曾发生过。这些经历使我的灵魂变得丰富,没有人可以对它进行估价或是将它带走。是的,虽然结局有些可怕,但马丁和我共享了生命中最愉快的 13 年。对我而言,我提前走出来了。我又怎么可能会后悔呢?

当然,我最亲近的家人莎伦和伦恩依旧站在我的立场气愤难消。伦恩仍记得他生命中最糟糕的那天,警察来风歌庄园意图将我护送出去。当我们搬进蒙特西托的房屋时,为了把所有的精力都奉献给马丁和培恩,我放弃了自己的事业。伦恩会抓住每个机会督促我留下一些书面的证据,无论是在公司业务方面,还是我手上的一枚戒指,抑或是在薪酬上。

"伊拉娜,你是一个聪明的女商人。你在干什么?你从来都不会建议你的任何客户这样生活。"他告诫道。

"伦恩,请不要为我担心。我曾照顾好自己,如果需要的话,我将来也一样会照顾好自己的。"

类似这样的谈话以各种形式持续了长达 6 个月之久,伦恩最终放弃了。他知道他的妻妹有多固执。

甚至是和马丁的关系就像和我一样亲近的妮娜,对于我现在的处境也有她自己的看法。她问了我几次为什么不为自己存点钱,我责备她愤世嫉俗。

"我不需要钱。"我答道。"你看到马丁和我是怎样的,钱并不是问题。"

在那时,或是现在,没有人能明白。在他们的第一印象中,我并不是一个傻子。他们指出,我在处理与他人的关系时,不论这种关系是私人的或是业务上的,我都小心翼翼地力争一视同仁,然而我不会忍受任何无稽之谈。如果某件事看起来并不公平,我会像一只母老虎一样去斗争、去纠正。无论从任何角度来说,我都是一名强硬的对手,对签订合同、完成交易一丝不苟。我不会离开谈判桌一步,直到我确认包括我在内的所有人都有一份公平合理的交易。每个人都应该是赢家,之后我会坚持不懈地跟进、执行。当然,我和马丁的情况并非如此。

直至今日,人们仍会问我:你会再做更多要求吗?你曾想成为公司的股东吗?你曾想要一张结婚证书吗?你会不会要求一个头衔或者薪资?你有后悔的事吗?

答案总是否定的。回想起来,如果一切能重来的话,我也许会在书面上要求些什么,也许我会在结婚这件事上再努力一下,或许我会更加小心一点,不会让事情这样出其不意地结束。但是我不会选择少爱马丁一点。当时我对他的信任是绝对的,我不想做任何改变。

这是一种在所有层面上的伙伴关系。没有谁高谁低,我俩都做需要做的事,帮助另外一个人,创造比我们个人更大的价值。这就是我们能够毫无保留地把灵魂都投入到品牌建设中去的方法。我们的浪漫酿制出完美的培恩鸡尾酒。我们的激情、爱、信仰和创造力就是它的成分。我相信如果我们没有遇到彼此,我们可能就无法让彼此展示出最好的一面。我们在一起远远好过我们分开。

最棒的是,我们的协作关系就像完美的交响乐团一样运作着。这无关权力、无关嫉妒、无关斗争。这仅仅是世纪中的一生挚爱,除了这折磨人的法庭事件,我不想改变其他任何事。

此外,我们永远都拥有培恩。

培恩之路大事记

第一部分

为迎接机会做好十足准备

如果你做好了准备,伟大的机会将从天而降。如果你封闭了自己的双眼和思想,你将不会发现事物的伟大。马丁感觉敏锐,所以当他品尝最初的培恩酒时,他很快明白自己发现了一件有价值的东西。很多人可能只是很享受地喝一杯,然后继续该干什么干什么,将它抛之脑后。但马丁却认为他手中的酒无可比拟,并相信将会有无数人与他感同身受。你无法凭空构造出一个伟大的品牌,但当它出现时,你能认出它,并抓住机会,为充分利用这份大礼做最好的准备。

产品展示可以传递信息

产品包装要有创意并真实精确地体现其内在品质。设计并不只是针对外观,它还可以在消费者身上创设一种情感。我和马丁认为,要让培恩酒在市场中脱颖而出,我们必须赋予它一种特别的场合感。这独一无二的产品只选用最好的原料,所以瓶身不但需要外表美观,材质上也需要用蚀刻的手工吹制玻璃。不过,我们走得更远,我们大胆借鉴其他行业,将其中与培恩酒品最贴切的好点子搬过来。在此,我们所说的就是香水行业。包装的细节与质量通过瓶身传达出一条信息:我们的产品是一份特别的礼物。这是一种能将一些经典品牌,如可口可乐、香奈儿五号、金宝汤等与淹没于市场中的大众品牌相区分的好方法。

友好的合作关系是一份大礼

无论你们是恋人、朋友或者只是单纯的商业合作关系,你都要尊重并欣赏别人的长处,一份真诚的伙伴关系可以决定企业的发展仅是停留在不错的阶段还是可以获得巨大的成功。马丁和约翰·保罗虽然在很多领域都有许多不同,但他们都认可彼此身上所保持的企业家热情与才能,这使他们一路走下去,成为一个强有力的团队。约翰·保罗冷静的商业头脑、远见卓识和战略水平与马丁的创造力和毅力完美地互为补充。同样,我和马丁在设计和品牌建设方面互帮互助。我善于关注细节的双眼,以及我们对品质与美的共同追求使那些独到精彩的见解源源不断地变成现实。我从来不曾有过这样的梦想,其他人也未必想过,但能够与你的伙伴有同样的梦想并一起努力实现,这是一份多好的礼物啊!

不局限于传统思想

有时候无知是天赐的福气。不过,了解基本的商业知识也同样重要。但这并不意味着你一定要照本宣科。不要害怕制定你自己的标准,赢家不会把自己局限于行业常规。真正完成突破性成功的唯一方法是忽略外界的杂言,聆听你自己的心声。此外,你无法打败常识与创造力的完美结合。就我和马丁而言,美丽且知性的女士就应该与像培恩这样的品牌相联系,这种代表着完美时光与陪伴的品牌,我们从未看到、也没关注到这个行业里有别的公司在贸易展中聘用女性。于是,培恩女郎诞生了。记住,因为你和你正在推销的客户有着相同的感受,所以,在你的内心深处你已经知道什么方法是可行的。

每个细节都会影响最终的结果

一个好的品牌是由它的有形产品和围绕在它周围的人的无形魔力相结合的产物。你要了解产品的整个生产过程:从生产、包装到分销流程。你要成为一名专家,知晓产品的制作流程,从未加工的原材料到它被放上商店柜台的全过程。

当出现问题时，马丁不仅可以马上介入，充当故障检修员，他还能对自己所销售的产品和产品背后的人们有更深刻的了解。一旦你熟悉了整个过程，就会意识到一件产品是整个过程中所有经手人的总能量产物。对培恩而言，从龙舌兰种植地的农场主到把它们储放在货架上的调酒师，这一过程就意味着要经过60多双手。我们要用爱与尊重去对待产品生产过程中所有付出辛劳的人们。

第二部分

要知道谁是真正的口碑缔造者，并聪明地利用他们

仔细思考谁是你可以接触到的人物，并且能够完美地运用其影响力来推广自己的品牌，不管这些人是朋友、媒体人还是产品评论人。在消费品行业，时尚品牌代表的意见对大众市场影响巨大。在消费品行业中，能够得到时尚人士和行业先锋的口口相传是将产品推向大众市场的一颗定心丸。但是，永远不要用力太猛。一个品牌的优质必须是有机的。马丁很快意识到其实我们没必要追求这些，因为我们拥有良好的合作关系、自信的态度和大众真正热切想要得到的产品。当你拥有这些财富时，推广一个消费品品牌易如反掌，并不需要花费很多。牢记，并不是每个明星或电影载体都适合推广你的产品。要精心挑选那些真正能代表你的承载媒介。同时，不要只追求一个特定的市场，要以占据更广大的市场为目标。

不要忽视一线的重要性

要平等地对待那些不是那么重要但却是直接与最终客户接触的人。在我们看来，这些人包括酒保、服务员、餐厅老板及零售商们。无论我们去何处，我和马丁总会手拿一瓶培恩酒，再买一杯他们柜台上最好的酒。亲口品尝才最可信，所以这是向人们介绍此品牌的最佳方式，让人们了解它的与众不同，以及它正确的消费和品尝方式。这也保证了我们的产品让人记忆深刻。几个月下来，整个洛杉矶地区都知道我们是培恩先生与培恩女士。这在本行业是独一无二的，因为几乎没有品牌用真人来做其背后的代表。而这才是最优秀的营销家应该做的：构建人际关系。大家欣赏我们对个体的关注，而这帮助我们在种类纷杂的烈酒

行业里脱颖而出。

你是自己品牌最棒的代言人

推广品牌的最佳方式就是让它渗透到你生活中的各个方面。马丁和我坚持着我们的热情，与培恩一直相伴。无论是驾游艇、打马球，抑或是为我们的朋友、熟人举办丰盛的晚宴，培恩都相伴左右。甚至连我们的私人聚会活动都会用带有绿黑商标的花彩装饰。我们所烹饪的所有食物和提供的饮品都会包含培恩的成分，或作为餐饮完美的补充品。出了自家门，无论走到哪里，我们都会精心为培恩做代言，穿戴时髦，背着用我们的商标装饰的背包，吸引成千上万人的注意。我们让朋友们帮忙做同样的事，还让他们在商店、酒吧、饭店甚至是我们还没有分销的其他州点购培恩。不久，它产生了效应，这个效应不但具有重要意义，还有助于培恩激发出庞大的需求量。在某种意义上，我们正在为自己的品牌谱写真实的故事。我们忠实的顾客帮着完成余下的事情。

明白问题自始至终都会出现

尽可能地保持灵活。当每个问题刚出现时就积极将其解决。不要以为其他人会处理这些问题。马丁频繁地乘飞机去哈利斯科亲自处理最为普通的生产差错。当然，他有弗朗西斯科帮助他。马丁是这个品牌的所有者，但这并不意味着他可以袖手旁观，即使是在事业正处于上升阶段。在创立一个标志性产品时，你设定了标准，只有你时刻警惕，才能保持它应有的高度。

不是所有事都永远在你的掌控之下

你可以做许多事使你的事业远离外部侵害。有些年龙舌兰酒产业萧条，首先是因为龙舌兰植物出现最严重的短缺，再加上原材料囤积、农作物疾病、环境恶化、农耕做法改变等，而这些事根本无法预测或改变。但是，我们能够通过长期公关和合理计划将一个产业灾难转变为一种优势。我们幸存下来，因为我们稳住了源头，即便也花费了更多成本。当竞争者们偷工减料时，我们坚持给顾客送去优质产品。不仅如此，通过品牌扩张，我们保持着较低开销和足够的资金流动性来应对不断变化的市场。

第三部分

质量一致性能建立持久的品牌忠诚度

这是一个消费品品牌最重要的元素。偷工减料的诱惑一直存在。马丁在质量妥协方面面临着巨大的压力。施格兰公司高管试图说服他,让他相信消费者只在意外表包装,而不是瓶子里到底装了什么。但马丁是明智的。在龙舌兰植物短缺期间,我们已经看到当其他竞争者运用栽培不当的龙舌兰植物来维持生产量时,数百个精品龙舌兰酒品牌因此倒闭。马丁不会接受施格兰公司高管为提高生产量而将龙舌兰酒放在巨大的钢桶里而产生的烧焦味道的酒品。你不能偏离这样一个基本事实,那就是任何能够将你的产品区分出来的优良品质都应该被保持下去甚至要超过预期。记住,你是你自己最好的顾客,所以要坚持住自己的高标准。

在商业中,你就是自己的信誉

你要挺起腰杆。面对施格兰公司高管用一个几乎不加掩饰的手段来缩小营业收入并让我们的酒品下架的挑战,马丁做的决定是绝对正确的。他知道他们想要收购培恩,而且正做着一切会让我们收入缩水的事,这样他们就能以便宜的价格得到培恩。但这只是以卵击石。即使一开始强者就占据了优势,那也不代表你无法参与,但你要明白这是一场不公平的游戏。因此,如果可能的话,最好的方式是谈判而不是诉讼。尽一切可能远离公堂。长远来说,这样处理,协议费用总归更划算,也少些压力。

一种全新的方法可以让业务平步青云

坚持以往有效的方式是有价值的,但是你要能够看清一致性与执着于老旧方式的区别。马丁只用了不到 12 名员工就取得了非凡的成就。他为今天的烈酒巨头,也就是培恩,奠定了坚实的基础。但他并不情愿放宽他的掌控力和业务上的委托权。在他去世后,约翰·保罗和他的团队继承并传承了马丁的遗产,更新了营销理念,将数百万的资金投入到广告项目、促销活动以扩大市场,从而确保从缅因州到摩洛哥的每一家酒店、酒吧、超市都有培恩供应。这便是为什么培恩能够成为现今市场上所有龙舌兰酒中销售最好的品牌的原因。马丁若在天有知也会非常欣慰。

一旦确立，就要保持品牌信息简单化

经典产品的伟大不言而喻。去除培恩女郎，使培恩自己成为宣传活动的主角是那时最恰当的决定，因为它已被认为是世界上最优质的酒品。"简约的完美"表明了一切。就像戴蒙德·约翰所说，没有必要再紧逼一步。说唱界这样有眼光、有影响力的顾客群体欣赏的就是这种通过口碑而建立，进而被权威鉴赏家所推介的品牌。这就是为什么我们从一开始就没有专注于某个特定的市场分类，摒弃商学院的传统做法，用我们开放式的架构营销来创立我们自己品牌的原因。当你创造的东西令人神往、高不可攀时，就没有必要去追逐市场，因为忠实的消费团体仍会追随你。

关于作者

她的出生地与那迷人的好莱坞世界有半球之隔,但伊拉娜·埃德尔斯坦注定要成为"培恩女士"——这一变革整个酒业、居于世界领先地位的奢华龙舌兰酒品牌的另一半。与马丁·克劳利一起,她通过精心雕琢、培育、营销品牌来提升人们对于龙舌兰酒的认识,从而开启了一个优质品类。例如,他们创造出一种概念:让小酌龙舌兰酒就像喝高端白兰地一般。这种革新的方式驱动龙舌兰酒快速发展。"超优质"已经成为所有酒类追求的新标准,不论是伏特加酒还是朗姆酒。

伊拉娜·埃德尔斯坦聪明且富有创造力。这个蓝眼睛的金发女郎 30 多年前从其家乡南非来到美国,在美国海岸着陆时,仅怀揣 200 美元和几件衣服,单靠纯粹的勇气和决心,她自力更生,愿意做任何必要的事,她作为金融顾问成功地开创了一份蒸蒸日上的事业。之后,她遇见了其一生挚爱,马丁·克劳利,她成为其最佳帮手,一起将培恩龙舌兰酒构建为一个经典品牌。

作为一个奥斯维辛集中营幸存者的孩子,她在约翰内斯堡种族隔离制度下长大。她一直过着安逸的生活,学习成绩不错,总是赢得各种跳舞比赛,直到其父母二人在 3 个月内相继去世。那时她只有 18 岁。除非结婚,当时大多数南非年轻人都住在家里。突然失去双亲的伊拉娜悲伤麻木,虽努力经营家族女装店,但之后店面还是被迫关闭。她于是在一家唱片公司做行政工作。

没过多久她开始觉得自己的世界太小。几年的环球旅行工作打开了她的视野,点燃了她冒险的念头。伊拉娜对政治不感兴趣。她私下里有着多种族的朋友圈,她不顾政府种族隔离政策,与黑人和印第安朋友以及来自音乐界的同事们吃饭玩耍。但她年长的姐姐莎伦和姐夫伦恩(也是她唯一的家人),开始担心他们的两个孩子在南非种族主义政权下前途暗淡,因此通过人才外流移民到洛杉矶。伊拉娜很快就跟随他们去了美国,在她进入美国的第一天就发生了戏剧化的一幕,她在肯尼迪机场被联邦当局逮捕。

本来并没什么能质疑伊拉娜的移民合法性。但他们搜查她行李时发现了一些货运单据,并认为她违反了旅游签证的规定。当时与伊拉娜在一起的还有莎伦和两个小外甥,莎伦知道这件事还是要上法庭的。24小时飞行的劳累使两个婴儿不停哭闹,这对姐妹竭尽全力安抚他们,与此同时,她们也疯狂给在洛杉矶的伦恩打电话,这对姐妹最终找到了纽约的一名王牌移民律师。律师从一个友好的法官那里帮伊拉娜争取到了6个月缓刑,允许她有足够的时间找到工作,改变她的移民身份,否则她就只能回家。这是她第一次轻触美国司法系统:而这一次则体现了公正的原则。

就她而言,回南非根本不是一个选项。凭借其绰约风姿,异国口音和惊人美貌,她很快获得一份工作,成为诺曼·温特公司旗下的一名助理。诺曼·温特是当时好莱坞最强大的形象设计商之一。这个曾经和迈克尔·杰克逊合作的公关传奇,同意赞助她一张绿卡,条件是每周仅120美元的工作。在接下来的5年当中,伊拉娜工作卖力,长时间加班,竭尽全力保持公司的正常运营,她用实际行动来回报公司。作为奖赏,她受邀进入了这个以毒品、聚会和名人为代表的颓废世界。这个在没有电视的环境中长大的羞涩南非女孩,不为名利,却突然被卷入迪斯科时代好莱坞的生活漩涡。那时,可卡因和安眠酮像便利贴一样在办公室里分发。她对于浮华城(好莱坞的贬称、谐称)各式陷阱都能淡然处之,这样独特的气质让活跃在她圈子里的很多明星对她喜爱有加。

尽管她也喜欢聚会和疯狂,但伊拉娜一想到每天都在办公室数日子就无比烦恼。她不具备好莱坞的野心,尽管她确实拥有一种强烈的创业倾向。因此,当那时已经创立办公用品零售商店的伦恩给她机会,让她成为销售代表,并一起运营这个商业计划,她放弃了原先的公关工作,开始到各个场所进行游说,包括各式办公室、律师事务所、电影工作室,只要她能通过的大门或前台,她都不放过。

几个月下来，她建立了业务网络，与福克斯制片厂和地区其他主要客户建立了关系。

"我很快就意识到，在美国，一切都变得更大了，尤其是机会。"伊拉娜回忆说。"钱越积越多，就像电话号码一样。"

没过多久，伊拉娜的销售业务就完全上了轨道。由于她在数字方面的天赋，她把注意力转移到金融业，建立了一个为教师提供退休基金投资咨询的业务。就在这个成功的职场女性遇见她的生活伴侣时，她已经拥有 700 多个客户，年收入超过 25 万美元。

伊拉娜其余的故事就是培恩的故事。这位无名英雄，参与建立了一个品牌，而它改变了整个烈酒行业，从其前所未有的巧妙营销策略到财务和运营的各个复杂细节，她在培恩成长的漫漫长路中留下了足迹。培恩以及这个品牌所表达的生活方式成为伊拉娜和马丁的同义词，代表了他们之间强大的联系。他们二人密不可分，他们与其共同培养出的培恩业务也如此。

"我们是一个整体。"伊拉娜说。

伊拉娜曾被要求放弃自己的工作，更好地专注于马丁和培恩，而她也心甘情愿地这样做了。她离开培恩的时候，唯一带走了她所珍视的正直和自尊这两样高于一切的东西。如果重来，她依然愿意这样选择。

尽管后来他让她经受了很多痛苦，她依然将与马丁共享的日子看作一份礼物。她用无声的尊严、力量和同情心来面对困难与羞辱。尽管已消逝的爱曾带给她悲伤，但她依旧用体谅来反思她一生的至爱，并选择只去关注那些他们生活中的许多美好回忆。与此同时，她重建了金融咨询业务，在西洛杉矶与她的两只狗和一只猫过着一种舒适而不那么狂野的生活，并与她心爱的家人和朋友保持着密切的联系。

她仍然跳舞，仍然创新，仍然只喝培恩酒。